Beeren

Robert Berkeley

Kreativ Kochen

BEEREN

Abkürzungen:

g	Gramm
kg	Kilogramm
ml	Milliliter
l	Liter
TL	Teelöffel (gestrichen)
EL	Esslöffel (gestrichen)
°C	Grad Celsius

Hinweise:

Bei der Verarbeitung von rohen Eiern in einer Zubereitung sollte auf größtmögliche Frische geachtet werden. Vor allem bei einem schwachen Immunsystem und in einer Schwangerschaft sollte auf den Genuss roher Eier möglichst verzichtet werden.

Die angegebenen Backofentemperaturen in Grad Celsius beziehen sich auf den Elektroherd mit Ober- und Unterhitze. Wenn Sie mit Umluft arbeiten, reduzieren Sie die Temperatur um 15–20 %. Die Backzeit bleibt gleich.

Der Text dieses Buches entspricht den Regeln der neuen deutschen Rechtschreibung.

Originaltitel: Berries

Layout: Lesley Ehlers
Textlayout der deutschen Ausgabe: Magdalene Krumbeck
Fotos: Eric Jacobson
Übersetzung: Michélle Pyka
Redaktion: lüra-Service für Verlage, Wuppertal/Ralf Labitzky
Satz und Herstellung: lüra-Service für Verlage, Wuppertal

817 2635 4453 6271

10802X03 02 01 00

Gedünstete Garnelen mit Preiselbeer-Gazpacho

HAUPTGERICHTE

DESSERTS

Vorwort

Wenn ich an Beeren denke, fällt mir zuallererst ein, wie ich als Teenager an einem sonnigen Spätjunimorgen mit einem Freund durch North Carolina fuhr. Als wir vom Highway aus eine Bergkette sahen, entschieden wir uns spontan, anzuhalten und ein wenig herum zu klettern.

Da es keinen Wanderpfad gab, mussten wir uns auf eigene Faust durch das anfangs noch dichte Gebüsch kämpfen. Nach langem, anstrengendem Marsch ruhten wir uns etwas aus und entdeckten ganz in der Nähe einen Brombeerstrauch. Wir forderten uns gegenseitig heraus, doch eine Beere zu probieren. Einer von uns wagte es schließlich, und als er nicht vergiftet umfiel, plünderten wir gemeinsam beinahe den gesamten Strauch.

Jedes Mal, wenn ich eine wirklich frische Beere esse, erinnere ich mich an diesen strahlenden Morgen in den Bergen von Carolina und an den herben Geschmack der Brombeeren. Schon wenn ich nur das Wort „Beere“ höre, steigt die Fülle all dieser Erinnerungen lebendig in mir auf.

Doch bevor ich dann eines Tages begann mit Beeren zu kochen, ging einige Zeit ins Land und ich musste einige Vorurteile ausräumen. Ich betrachtete Beeren bis dahin als organische Einheiten und das Kochen als einen Prozess der Zerstörung: Fasern werden aufgebrochen, Formen und Aromen verändert. Kann man eine frische Beere überhaupt verbessern?

Doch das ist gar nicht die richtige Fragestellung. Beeren bieten viele verschiedene Aromen und Beschaffenheiten, die Sie auf unterschiedlichste Weise nutzen können. Beeren eignen sich zum Eindicken von Soßen, sie beeinflussen die Farbe von Gerichten, können sie würzen, ihnen aber auch die Schärfe nehmen. Und dabei verleihen sie dem Gericht gleichzeitig eine einzigartige Note. Es kann eine aufregende Herausforderung für Koch und Köchin sein, mit dem pikanten Aroma einer bestimmten Beerensorte zu experimentieren.

Die Rezepte in diesem Buch zeigen die vielfältigen Möglichkeiten, Speisen und Getränke mit Beeren zu verfeinern. Manchmal genügt es, den Zutaten für ein Gericht einfach einige frische Beeren hinzuzufügen, die in ihrer Ursprünglichkeit für sich selbst sprechen. In anderen Fällen bringt erst die Zubereitung ihre verschiedenen Eigenschaften zur Geltung. Diese Eigenschaften können sich während des Kochens beinahe vollständig verändern.

Vergleicht man zum Beispiel den Geschmack der Vichyssoise mit Blaubeeren mit dem des Blaubeerkuchens, so mag man kaum glauben, dass sich in beiden Gerichten dieselbe Beerensorte findet. Dass die Blaubeere je nach Zubereitung und im Gefolge verschiedener Zutaten derartig verschiedene Aromen entwickeln kann – im ersten Fall eher erdig und würzig, im zweiten fruchtig und süß – überrascht. Das Geschmacksspektrum dieser Frucht ist interessant und vielseitig.

Ebenso überzeugend kann es sein, bei der Zubereitung von Suppen einige Zutaten durch Beeren zu ersetzen. Gazpacho etwa gewinnt seinen herben Geschmack normalerweise durch einen Schuss Essig oder Zitronensaft,

der die Struktur der Suppe im Hintergrund aufrecht erhält und die im Vordergrund stehenden Zutaten (Tomaten, Gurken, Paprika) unterstützt. Bei unserem Preiselbeer-Gazpacho ist das Aroma der Preiselbeeren zart genug, um die anderen Zutaten nicht zu überdecken, aber auch intensiv genug, um es deutlich herauszuschmecken – eine aufregende Variation des traditionellen Gerichtes.

Viele der hier vorgestellten Rezepte sind eng miteinander verwandt; sie enthalten gleiche Zutaten und werden ähnlich zubereitet, glänzen aber durch verschiedene Beerenarten. Den Geschmack des Salates mit geräucherter Forelle rundet der weiche Geschmack von Himbeeren ab. Saurere Früchte würden zwar gut mit dem leicht bitteren Geschmack der Rauke harmonieren, aber gleichzeitig das Salzige der Forelle verdecken. Im Löwenzahnsalat mit Erdbeeren und Stachelbeer-Vinaigrette sollen die Erdbeeren nicht von der Schärfe des Ziegenkäses ablenken. Bei beiden Salaten ist das Salatgrün bitter, und beide Beerensorten passen gut zu den anderen Zutaten – der Räucherforelle und dem Ziegenkäse. Das Interessante an der Kombination ist jedoch, dass die Zugabe von Beeren beim Salatgrün anscheinend für ein anderes Aroma sorgt. Die feinen Unterschiede zwischen den beiden Beerensorten beeinflussen die Wahrnehmung der Bitterstoffe im Salat. Ein Geschmacksvergleich zwischen diesen Rezepten zeigt Ihnen die Variationsbreite der Beeren besser, als jede Beschreibung es vermag.

Es ist nicht leicht, das zarte Aroma einzufangen, das Beeren so reizvoll macht. Man steht nicht jedes Mal genau dann auf einem Berg in Carolina, wenn die Brombeeren ihren perfekten Reifegrad erreicht haben. Wie viele andere Naturerzeugnisse auch hat jede Beerensorte ihre besondere Reifezeit und ist in den übrigen Monaten nur schwer zu bekommen. Manche Sorten wachsen zudem an schwer zugänglichen Orten. Die Blau beersaison dauert von Juli bis Ende August, ebenso die Johannisbeersaison. Brombeeren reifen im August und September. Preiselbeeren kann man frisch von Anfang November bis Mitte Februar kaufen, während heimische Erdbeeren Mai/Juni und Himbeeren von Juni bis Oktober erhältlich sind. Trotzdem gibt es mittlerweile viele Beerensorten das ganze Jahr über. Doch obwohl Beeren mit Hilfe moderner Transporttechniken rund um die Welt reisen, liegen zwischen Ernte und Verzehr mehrere Tage – und weit gereiste Beeren mögen zwar frisch wirken, verlieren aber an Geschmack und Güte.

Beim Einkauf sollten Sie sorgfältig darauf achten, dass die Beeren weder schimmeln und flaumige, weiße Stellen auf den Unterseiten zeigen noch allzu weich sind. Schimmel breitet sich schnell aus. Schimmelige Beeren eignen sich weder zum Kochen noch zum Essen. Zu weiche Beeren hingegen wirken vielleicht unappetitlich, weil sie runzelig oder eingefallen sind. Sie eignen sich dennoch gut für Marmeladen und für fruchtige Kuchen.

Generationen von Köchen und Köchinnen haben Aufbewahrungstechniken entwickelt, die es uns ermöglichen, Frühlings- und Sommerbeeren selbst im Winter zu genießen. Das Einfrieren ist die gebräuchlichste Methode – Beeren in luftdichten Plastikbehältern oder Gefrierbeuteln lassen sich vier bis fünf Monate lang in der Tiefkühltruhe lagern.

Eine sehr alte Methode, Beeren aufzubewahren, ist das Trocknen. In getrocknetem Zustand bewahren die Beeren viel von ihrem Wesen. Delikatessengeschäfte und Feinkosthandlungen, aber auch Reformhäuser oder Bioläden führen, bisweilen sogar verschiedene, getrocknete Beerensorten. Sie können Beeren aber auch ganz einfach selbst trocknen: Breiten Sie die verlesenen Beeren ohne Stiele auf einem Backblech mit Backpapier aus. Dörren Sie sie bei 50–60 °C im Backofen, bis der Saft verdunstet ist und die Beeren schrumpelig aussehen. Gedörrte Beeren können in einer Papiertüte bei Raumtemperatur monatelang gelagert werden, wobei sie weder ihre Süße noch ihr Aroma verlieren. Bei einigen Rezepten in diesem Buch ist es vorteilhaft, getrocknete Beeren statt frischer zu verwenden. So werden die Dörrbeerkringel beispielsweise zuerst einem feuchten und dann einem trockenen Zubereitungsverfahren unterzogen. Getrocknete Beeren widerstehen den drastischen Veränderungen, während frische ihren Eigensaft beim feuchten Prozess verlieren und beim trockenen ausbleichen würden.

Weine, Säfte, Weinbrände und Essige können die Substanz einer Beerensorte ausgezeichnet einfangen und wiedergeben, wenn man sie mit Zurückhaltung verwendet. Mischen Sie Blaubeeressig mit Olivenöl für ein Salatdressing: Sie suggerieren die Verwendung frischer Blaubeeren. Kochen Sie denselben Essig in einer Pfanne ein und reichern ihn mit Butter an: Das Ergebnis ist eine cremige, zarte Sauce zu Fischgerichten. Je nach Medium – Olivenöl oder Butter – und Herz des Gerichtes – sei es nun Salat, Fisch oder anderes – lernen Sie das Wesen der Blaubeere von sehr unterschiedlichen Seiten kennen.

Die wohl beliebteste Art, Beeren haltbar zu machen, ist die Herstellung von Marmeladen und Konfitüren. Der zeitaufwendige, langsame Prozess des Einkochens löst die Schalen, die eine Beere zusammenhalten, und die Fasern auf, die unter anderem die Flüssigkeit speichern. Während des Kochens finden viele Wechselwirkungen statt. Obwohl es nicht schwer ist, Marmelade zu kochen, laufen dabei komplizierte chemische Prozesse ab. Die Schalen einer Beere lösen sich scheinbar im Einmachtopf auf und verdunsten, aber in Wirklichkeit bleiben sie erhalten und tragen dazu bei, dass die Marmelade geliert und haltbar wird.

Marmeladen und Konfitüren sind in ihren Einsatzmöglichkeiten so vielfältig wie frische Beeren: Sie verleihen zum Beispiel eingekochter Hühnerbrühe Sämigkeit und verwandeln sie in eine Sauce. Verrührt mit zerlassener Butter, Eigelb und Zucker ergeben sie eine wunderbare Kuchenglasur. Mischt man sie mit saurer Sahne, erhält man ein delikates, ausgewogenes Salatdressing. Oder man genießt sie einfach als Brotaufstrich. Gute Marmeladen und Konfitüren halten meiner Meinung nach das Wesen einer Beere am besten fest.

Verstehen Sie die Rezepte in diesem Buch als Entwürfe für Gerichte, also als Richtschnur oder als ungefähre Anleitungen. Viele der Früchte sind austauschbar. Die „körnigen" Beerensorten – Himbeeren, Brombeeren, Maulbeeren – können einander sowohl der Form als auch dem Aroma nach ersetzen, genau wie die „glatten" – Blaubeeren, Preiselbeeren, rote und schwarze Johannisbeeren, Stachelbeeren und Hagebutte. Verstehen Sie diese Einteilung bitte als Anregung, nicht als verbindliche Kategorisierung. Wenn Sie die Früchte gegeneinander austauschen, zum Beispiel statt Preiselbeeren Himbeeren oder Erdbeeren verwenden, werden Sie schnell mit der großen Palette an Möglichkeiten innerhalb der Beerenfamilie vertraut sein. Gehen Sie auf Entdeckungsreise durch die Welt der Beeren – und verleihen Sie Ihren Kochkünsten eine neue und ganz sicher überraschende Dimension!

Frühstück und Brunch

Dörrbeerkringel

2 EL Pflanzenöl
7 g Trockenhefe
1 EL Zucker
250 ml warmes Wasser (ca. 43 °C)
560 g Weizenmehl
1 TL Salz
2 Eier
35 g getrocknete Blaubeeren
35 g getrocknete Preiselbeeren
2 EL Wasser
1 Eigelb

Vorbereitung

Backblech mit etwas Pflanzenöl einfetten.

Backofen vorheizen auf 190 °C (Gas Stufe 5).

Zubereitung

1 Vermengen Sie in einer Rührschüssel die Hefe, den Zucker und das warme Wasser. Die Mischung sollte etwa fünf Minuten gehen. Falls die Hefe nicht schäumt, muss der Vorgang wiederholt werden.

2 Rühren Sie nun 140 Gramm Mehl, das Salz und die zwei Eier unter. Kneten Sie nach und nach das übrige Mehl ein, bis der Teig nicht mehr klebt. Bearbeiten Sie den Teig weitere fünf Minuten, damit er schön locker wird.

3 Pinseln Sie eine große Schüssel mit der Hälfte des Pflanzenöls aus. Legen Sie den Teig hinein. Er sollte mit einem feuchten Tuch bedeckt in etwa 30 Minuten bei Raumtemperatur aufgehen.

4 Kneten Sie danach ihn wieder gut durch, teilen ihn in 14 gleich große Stücke und lassen diese nochmals 20 Minuten gehen.

5 Arbeiten Sie die getrockneten Beeren in die Teigstücke ein und formen Sie jedes zu einem Kringel.

6 Bringen Sie in einer großen Pfanne ungesalzenes Wasser zum Kochen und reduzieren dann die Hitze.

7 Legen Sie die Kringel für drei bis vier Minuten in die Pfanne mit dem simmernden Wasser. Lassen Sie sie nach dem Wenden weitere drei bis vier Minuten köcheln.

8 Verquirlen Sie das Eigelb mit zwei Esslöffeln Wasser und bestreichen Sie die Kringel damit.

9 Legen Sie das Gebäck auf das gefettete Blech, und lassen Sie es etwa 35 Minuten lang backen, bis die Kringel goldbraun sind.

Ergibt 14 Kringel
Zubereitungszeit: 2 Stunden 30 Minuten

TIPP

Sie können statt der Blau- und Preiselbeeren auch getrocknete schwarze Johannisbeeren verwenden.

Crêpes mit schwarzen Johannisbeeren

90 g frische, schwarze Johannisbeeren
100 g Zucker
2 Eier
2 EL Weizenmehl
120 ml Milch
60 g Butter
125 g Ricotta

■ **TIPP**

Statt Ricotta können Sie auch Quark verwenden, je sahniger er ist, desto besser munden die Crêpe.

Vorbereitung

Johannisbeeren in einem Kochtopf mit Wasser und der Hälfte des Zuckers bedecken. Etwa zwei Minuten kochen, dann aus dem Wasser nehmen, abtropfen und auskühlen lassen.

Zubereitung

1 Verrühren Sie in einer Schüssel Eier und Mehl mit der Hälfte des Zuckers und fügen Milch hinzu. Wenn Sie besonders dünne Crêpes schätzen, können Sie einen Schuss Mineralwasser hinzufügen und den Teig etwas verdünnen.

2 Der Teig sollte eine Stunde ruhen, um das Mehl ausquellen zu lassen. Falls er infolgedessen zu fest wird, können Sie ihn mit etwas Milch oder Mineralwasser erneut verdünnen.

3 Zerlassen Sie in einer kleinen, beschichteten Pfanne – ideal sind etwa 15 Zentimeter Durchmesser – einen halben Teelöffel Butter.

4 Sobald die Butter heiß ist, füllen Sie etwa zwei Esslöffel Teig ein. Verteilen Sie ihn durch Bewegen der Pfanne, bis der Pfannenboden gleichmäßig bedeckt ist.

5 Wenn der Teig vollständig gestockt ist (nach etwa einer Minute), wenden Sie ihn und braten die Crêpe noch ein paar Sekunden lang von der anderen Seite.

6 Lassen Sie die Crêpe auf einen großen Teller oder eine Platte gleiten und abkühlen.

7 Verarbeiten Sie auf diese Weise nach und nach den gesamten Teig.

8 Geben Sie je etwa zwei Esslöffel Ricotta und Johannisbeeren in die Mitte der Crêpes.

9 Rollen Sie die Crêpes vorsichtig auf.

Ergibt acht bis zehn Portionen
Zubereitungszeit: 1 Stunde 15 Minuten

HIMBEERMARMELADE

2 Granny Smith
500 g frische Himbeeren
200 g Zucker
1 l kaltes Wasser

Vorbereitung

Äpfel schälen.

Schalen fest in ein Tuch einbinden.

Zubereitung

1 Erhitzen Sie alle Zutaten einschließlich der Apfelschalen im Tuch unter häufigem Umrühren in einem Einmachtopf mit vier Litern Fassungsvermögen (vorzugsweise aus Kupfer).

2 Sobald die Masse kocht, stellen Sie die Herdplatte auf die niedrigste Stufe. Die Marmelade muss etwa sechs Stunden lang unter regelmäßigem Rühren köcheln, bis sie fest ist.

3 Nehmen Sie dann das Tuch mit den Apfelschalen heraus und lassen Sie die Marmelade unbedeckt an einem kühlen Ort abkühlen.

4 Wenn sie vollkommen erkaltet ist, können Sie sie in luftdicht schließende Plastikbehälter oder Einmachgläser füllen. Sie hält sich bis zu einigen Monaten.

Ergibt 500 bis 750 ml Marmelade
Zubereitungszeit: 10 Stunden

TIPP

Für eine weihnachtliche Variante dieser Marmelade binden Sie zu den Apfelschalen eine Zimtstange, drei Gewürznelken und die Schale einer Orange in das Tuch und geben zusätzlich vier Esslöffel Rum in den Topf.

Muffins mit Maulbeeren und Pekannüssen

30 g Butter
120 ml Milch
100 g gemahlene Pekannüsse
70 g Weizenmehl
2 EL Backpulver
50 g Zucker
1 Ei
1 TL Backaroma Vanille
1 Prise Salz
70 g getrocknete Maulbeeren oder andere Trockenbeeren

Vorbereitung

Butter in einer Kasserolle schmelzen, dann abkühlen lassen.

Muffinförmchen mit Fett ausstreichen.

Milch leicht erwärmen.

Backofen auf 180 °C (Gas Stufe 4) vorheizen.

Zubereitung

1 Vermengen Sie gemahlene Pekannüsse, Mehl, Backpulver und Zucker in einer Schüssel.

2 Fügen Sie das Ei, abgekühlte Butter, warme Milch, Backaroma, Salz und Maulbeeren hinzu.

3 Lassen Sie den Teig zehn Minuten gehen. Füllen Sie ihn dann in vier tiefe Förmchen und backen Sie ihn acht bis zehn Minuten lang.

Ergibt vier Portionen
Zubereitungszeit: 30 Minuten

■ TIPP

Servieren Sie zu den Muffins frische Sahne oder Sahnequark.

Maismehlmuffins mit Maulbeeren und Mohn

30 g Butter
120 ml Milch
90 g Mohn
60 g Maismehl
70 g Weizenmehl
2 EL Backpulver
50 g Zucker
1 Ei
70 g getrocknete Maulbeeren oder andere getrocknete Beeren
1 Prise Salz
1 TL Backaroma Vanille
abgeriebene Schale von 1 Zitrone

Vorbereitung

Butter schmelzen und abkühlen lassen.

Milch leicht erwärmen und den Mohn fünf Minuten darin einweichen.

Muffinförmchen mit Fett ausstreichen.

Backofen vorheizen auf 180 °C (Gas Stufe 4).

Zubereitung

1 Vermengen Sie Mais- und Weizenmehl, Backpulver und Zucker in einer Schüssel.

2 Fügen Sie das Ei, die abgekühlte Butter, die Maulbeeren und die Milch mit dem Mohn hinzu.

3 Zuletzt kommen Salz, Backaroma und abgeriebene Zitronenschale in den Teig.

4 Lassen Sie ihn zehn Minuten ruhen, bevor Sie ihn in die Förmchen füllen. Backen Sie die Muffins acht bis zehn Minuten lang.

Ergibt vier Portionen
Zubereitungszeit: 30 Minuten

Kleine Blaubeerpfannkuchen

75 g Blaubeeren
60 g Butter
250 ml Wasser
125 g Maismehl
1 TL Salz
2 EL Honig
1 Ei
120 ml Milch
70 g Weizenmehl
2 EL Backpulver

Vorbereitung

Blaubeeren waschen.

30 Gramm Butter zerlassen.

Zubereitung

1 Erhitzen Sie das Wasser bis kurz vor den Siedepunkt.

2 Vermengen Sie es in einer Rührschüssel mit Maismehl, Salz und Honig zu einem glatten Teig, der dann leicht abkühlen sollte.

3 Rühren Sie die zerlassene Butter, das Ei und die Milch hinein. Sieben Sie Weizenmehl und Backpulver über den Teig und mischen dann beides unter.

4 Fügen Sie die Blaubeeren hinzu und lassen Sie den Teig zehn Minuten ruhen.

5 Schmelzen Sie bei mittlerer Hitze etwas Butter (ca. 15 Gramm) in einer großen Pfanne.

6 Geben Sie je nach Größe der Pfanne zwei bis vier Esslöffel Teig hinein, für jeden Pfannkuchen einen. Achten Sie dabei auf genügend Abstand zwischen den Teigklecksen, damit sie nicht ineinander laufen.

7 Sobald sich an den Rändern und in der Mitte der Pfannkuchen Blasen bilden, wenden Sie sie und geben noch etwas Butter dazu.

8 Backen Sie die Kuchen eine Minute lang aus. Servieren Sie sie heiß.

9 Verfahren Sie mit dem übrigen Teig nach und nach genauso.

Ergibt vier Portionen
Zubereitungszeit: 30 Minuten

TIPP

Melasse entsteht bei der Rohrzuckergewinnung; es ist ein dunkler, sirupartiger Saft mit leicht lakritzeähnlichem Geschmack.
Sie können sie in Reformhäusern kaufen.

Brombeersirup

150 g frische Brombeeren
350 ml Wasser
1 ganze Zimtstange
85 g Melasse
40 g brauner Zucker
1 TL Backaroma Vanille

Vorbereitung

Brombeeren gründlich waschen und abtropfen lassen.

Zubereitung

1 Kochen Sie die Brombeeren mit dem Wasser und der Zimtstange 20 Minuten bei geringer Hitzezufuhr.

2 Entfernen Sie die Zimtstange. Seihen Sie die Masse in eine Schüssel.

3 Fügen Sie die Melasse, den Zucker und das Vanillearoma hinzu.

4 Nun kann der Sirup abkühlen.

Ergibt 250 Milliliter Sirup
Zubereitungszeit: 40 Minuten

Himbeerstreuselkuchen

Für den Teig:
75 g Butter
2 EL Paniermehl
120 g Weizenmehl
1 EL Backpulver
½ TL Salz
150 g Zucker
2 TL Backaroma Vanille
2 Eier
250 g rote oder weiße Himbeeren
120 ml saure Sahne

Für die Streusel:
125 g brauner Zucker
125 g Butter
210 g Weizenmehl

Vorbereitung

Kuchenblech mit 15 Gramm Butter einfetten und gleichmäßig mit Paniermehl bestreuen. Das überschüssige Paniermehl abschütten.

Blech in den Kühlschrank legen.

60 Gramm Butter für den Teig schmelzen und abkühlen lassen.

125 Gramm Butter für die Streusel in kleine Stückchen schneiden.

Backofen vorheizen auf 180 °C (Gas Stufe 4).

Zubereitung

Teig:

1 Mischen Sie in einer Schüssel Mehl, Backpulver, Salz und Zucker. Fügen Sie die geschmolzene Butter sowie das Vanillearoma und die Eier hinzu. Rühren Sie den Teig, bis er glatt ist.

2 Heben Sie vorsichtig die Himbeeren und die saure Sahne unter.

3 Verteilen Sie den Teig auf dem Kuchenblech. Lassen Sie ihn zehn Minuten ruhen.

Streusel:

1 Vermengen Sie in einer Schüssel den braunen Zucker mit den Butterstückchen.

2 Kneten Sie nach und nach das Weizenmehl ein, bis sich gleichmäßige Streusel gebildet haben.

3 Verteilen Sie diese auf dem Teig.

4 Der Kuchen soll 30 Minuten backen.

5 Stechen Sie probehalber einen Spieß in die Mitte des Kuchens. Wenn kein Teig mehr an ihm haftet, ist der Kuchen fertig.

Ergibt sechs Portionen
Zubereitungszeit: 45 Minuten

■ **TIPP**

Reichen Sie zum Himbeerstreuselkuchen frische Sahne oder eine warme Vanillesauce.

Vorspeisen, Suppen und Salate

Vichyssoise mit Blaubeeren

5 mittelgroße neue Kartoffeln
4–5 Frühlingszwiebeln
750 ml Hühnerbrühe (siehe unten)
120 ml saure Sahne
150 g Blaubeeren
120 ml Milch

■ TIPP

Verzichten Sie auf den elektrischen Pürierstab! Er erreicht so hohe Geschwindigkeiten, dass die Stärke aus den Kartoffeln förmlich herausgeschleudert wird. Ihre Sauce läuft dann Gefahr, zu Kleister zu werden.

Vorbereitung

Kartoffeln in kaltem Wasser waschen und vierteln.

Frühlingszwiebeln säubern und in breite Streifen schneiden.

Zubereitung

1 Lassen Sie die Hühnerbrühe, die Kartoffeln und die Frühlingszwiebeln in einem Topf mit vier Liter Fassungsvermögen aufkochen und anschließend etwa 30 Minuten lang bei schwacher Hitze sieden.

2 Wenn die Kartoffeln weich sind, passieren Sie die Suppe durch ein Sieb in einen anderen Topf und köcheln sie bei geringer Hitze weiter.

3 Rühren Sie die saure Sahne unter und fügen Sie drei Viertel der Beeren hinzu. Ziehen Sie den Topf vom Herd, sobald die Beeren aufplatzen.

4 Lassen Sie die Vichyssoise über Nacht an einem kühlen Ort erkalten.

5 Am nächsten Tag können Sie die Vichyssoise mit einer Gabel oder mit dem Kartoffelstampfer pürieren. Verdünnen Sie sie mit Milch.

Ergibt vier Portionen
Zubereitungszeit: 1 Stunde 30 Minuten plus einer Nacht zum Abkühlen

Hühnerbrühe

2 große Karotten
8–10 Schalotten
4 Frühlingszwiebeln
1 Granny Smith
2–3 Knoblauchzehen
2 EL Pflanzenöl
15 g Champignons
500 g Hähnchenflügel
20–40 Eiswürfel
12–15 ganze, schwarze Pfefferkörner
1 Bund Petersilie

Vorbereitung

Karotten in dünne Scheiben schneiden. Schalotten und Frühlingszwiebeln fein hacken.

Apfel mit Schale und Kerngehäuse vierteln. Champignons grob zerkleinern, Knoblauchzehen zerdrücken.

Zubereitung

1 Erhitzen Sie das Pflanzenöl in einem großen Suppentopf. Fügen Sie die Karotten, Schalotten, Frühlingszwiebeln, Apfelviertel und Champignons hinzu und lassen alles zehn Minuten lang kochen.

2 Dann geben Sie die Hähnchenflügel, die Eiswürfel, die Pfefferkörner und den Knoblauch in den Topf, füllen mit kaltem Wasser auf, bis alle Zutaten bedeckt sind, und verteilen die Petersilie darüber.

3 Lassen Sie die Zutaten kurz aufkochen und dann bei schwacher Hitze knapp drei Stunden sieden. Wenn die Brühe fertig gekocht ist, seihen Sie die Flüssigkeit durch ein Sieb und entfernen das Gemüse und die Hähnchenflügel.

Ergibt zwei bis drei Liter Brühe
Zubereitungszeit: 4 Stunden

Preiselbeer-Gazpacho

1 rote Paprikaschote
½ grüne Paprikaschote
1 milde grüne Peperoni
2 große reife Tomaten
1 kleine Salatgurke
4 Frühlingszwiebeln
1 Bund Petersilie
1 EL Zitronensaft oder Weinessig
Salz
Pfeffer
250 ml Wasser
50 g frische Preiselbeeren

Vorbereitung

Paprikaschoten und Peperoni entkernen und in sehr feine Stückchen schneiden.

Tomaten und Gurke klein schneiden.

Frühlingszwiebeln und Petersilie fein hacken.

Zubereitung

1 Geben Sie die Gurken-, Paprika-, Tomaten- und Peperonistücke, die gehackten Frühlingszwiebeln und die Petersilie in eine große Schüssel. Fügen Sie Zitronensaft (oder Weinessig), Salz und Pfeffer hinzu. Mengen Sie alles gründlich durch.

2 Bringen Sie das Wasser in einem kleinen Topf zum Sieden. Blanchieren Sie die Preiselbeeren etwa eine Minute lang darin, bis einige Beeren aufplatzen.

3 Geben Sie sie nach dem Abkühlen zu dem Gazpacho.

4 Stellen Sie die Schüssel über Nacht zugedeckt in den Kühlschrank.

Ergibt vier Portionen
Zubereitungszeit: 20 Minuten zuzüglich einer Nacht zum Abkühlen

Himbeer-Brombeer-Kaltschale

45 g Himbeeren
50 g Brombeeren
150 ml Buttermilch
150 ml Naturjogurt
1 Prise Salz

■ TIPP

Setzen Sie eine „schwimmende Insel" aus Crème fraîche oder Fruchtjogurt in die Mitte des Tellers.

Vorbereitung

Himbeeren und Brombeeren vorsichtig waschen und abtropfen lassen.

Zubereitung

1 Passieren Sie die Himbeeren sorgfältig durch ein Sieb, um die Kerne zu entfernen.

2 Verfahren Sie mit den Brombeeren ebenso, jedoch in einer gesonderten Schüssel.

3 Rühren Sie nun die eine Hälfte der Buttermilch und des Jogurts unter das Himbeerpüree, die andere unter das Brombeerpüree. Salzen Sie beide leicht.

4 Kühlen Sie die Pürees eine Stunde lang.

5 Beim Servieren gießen Sie zuerst eine Kelle Brombeerkaltschale in einen tiefen Teller und geben dann langsam eine Kelle Himbeerkaltschale in die Mitte.

Ergibt zwei Portionen
Zubereitungszeit: 1 Stunde 20 Minuten

Grüner Salat mit Blaubeer-Vinaigrette

Für die Vinaigrette:
4 EL Blaubeeressig
1 EL Dijonsenf
120–175 ml Olivenöl extra vergine
Salz
Pfeffer

Für den Salat:
500 g frischer Spargel
1 Kopf Eichblattsalat
1 Kopf Radicchio
1 Kopfsalat
4 Bund Feldsalat
150 g frische Blaubeeren

TIPP

Besonders dekorativ ist dieser Salat mit frischen Farnspitzen. Sie dürfen allerdings ausschließlich gekocht verzehrt werden (1–2 Minuten in kochendem Wasser blanchieren), roh sind sie ungenießbar und in größeren Mengen sogar sehr gesundheitsschädlich.

Vorbereitung

Spargel zehn Minuten lang in kochendem Wasser blanchieren, abschrecken und abtropfen lassen. In mundgerechte Stücke schneiden.

Salatblätter gründlich waschen.

Zubereitung

Vinaigrette:

1 Verrühren Sie den Essig und den Senf in einer kleinen Schüssel.

2 Fügen Sie das Olivenöl sowie Salz und Pfeffer nach Belieben bei.

Salat:

1 Geben Sie die Salatblätter und den Spargel in eine Salatschüssel.

2 Gießen Sie die Vinaigrette darüber und mischen Sie den Salat gut durch.

3 Garnieren Sie mit den frischen Blaubeeren.

Ergibt 16 Portionen
Zubereitungszeit: 20 Minuten

Krautsalat mit Preiselbeeren

150 g getrocknete Preiselbeeren
250 ml weißer Zinfandel oder ein anderer leichter Rosé
2 Stangen Porree
2–3 Frühlingszwiebeln
1 kleiner Rotkohl (ca. 500 g)
250 ml Vinaigrette
250 ml saure Sahne
250 ml Majonäse
2 EL gemahlener Kreuzkümmel
60 g Zucker
Salz
Pfeffer

Vorbereitung

Preiselbeeren über Nacht bei Zimmertemperatur im Wein einweichen, dann abtropfen lassen.

Porree und Frühlingszwiebeln in feine Streifen schneiden.

Die äußeren Blätter und den Strunk des Rotkohls entfernen.

Kohlkopf erst vierteln und dann in dünne Streifen schneiden.

Zubereitung

1 Mischen Sie in einer großen Schüssel die Vinaigrette mit der sauren Sahne und der Majonäse. Lassen Sie sie ein paar Minuten durchziehen.

2 Fügen Sie erst den Porree und den Kohl hinzu, dann die Preiselbeeren, die Frühlingszwiebeln, den gemahlenen Kreuzkümmel und den Zucker.

3 Salzen und pfeffern Sie nach Belieben.

4 Stellen Sie den Krautsalat zugedeckt über Nacht kühl.

Ergibt zehn bis zwölf Portionen
Zubereitungszeit: 20 Minuten plus zwei Nächte

■ **TIPP**

Statt der getrockneten Preiselbeeren können Sie auch getrocknete schwarze Johannisbeeren verwenden.

Geflügelsalat mit Brombeeren

1 Bund Radieschen
1 Endivie
4 Frühlingszwiebeln
300 g frische Brombeeren
1 Hähnchen (knapp 2 kg)
Salz
Pfeffer
250 ml Wasser
1 Eigelb
1 EL Dijonsenf
120 ml Olivenöl
2 EL Zitronensaft oder Weißweinessig
120 ml saure Sahne

Vorbereitung

Radieschen waschen und vierteln.

Endivie waschen und in Blätter zerlegen.

Frühlingszwiebeln längs in Viertel schneiden.

Brombeeren vorsichtig waschen.

Zubereitung

1 Reiben Sie das Hähnchen mit Salz und Pfeffer ab.

2 Legen Sie es mit dem Wasser in einen Bräter, und lassen Sie es etwa eine Stunde lang bei 200 °C (Gas Stufe 6) garen. Anschließend zur Seite stellen und abkühlen lassen.

3 Wenn das Hähnchen abgekühlt ist, können Sie die Haut entfernen. Lösen Sie das Fleisch von den Knochen, schneiden Sie es klein und legen es in eine Schüssel.

4 Vermengen Sie in einer zweiten Schüssel Eigelb und Senf.

5 Fügen Sie unter Rühren das Olivenöl und Zitronensaft oder Weinessig hinzu und schmecken Sie alles mit Salz und Pfeffer ab.

6 Geben Sie zuletzt die saure Sahne hinein.

7 Rühren Sie das Dressing nochmals gut durch und heben Sie die Radieschen unter, bevor Sie es über das Geflügelfleisch gießen.

8 Legen Sie die Teller mit Endivienblättern aus und arrangieren darauf den Geflügelsalat und die Frühlingszwiebeln.

9 Garnieren Sie den Salat zum guten Schluss mit den frischen Brombeeren.

Ergibt sechs Portionen
Zubereitungszeit: 2 Stunden

■ **TIPP**

Dieses Rezept lässt sich auch wunderbar mit Putenfleisch zubereiten.

Garnelensalat mit roten Johannisbeeren

4 Fleischtomaten
1 Zitrone
10 schwarze Pfefferkörner
2 l Wasser
125 g große Garnelenschwänze (Gambas)
90 g rote Johannisbeeren
Salz
Pfeffer
4 Blätter Römersalat

Vorbereitung

Tomaten etwa drei Minuten in einem Liter kochendem Wasser blanchieren.

Anschließend mit kaltem Wasser abschrecken, häuten, halbieren, die Kerne entfernen und in Würfel schneiden.

Zitrone quer durchschneiden.

Zubereitung

1 Bringen Sie die Zitronenhälften und die Pfefferkörner in einem Liter Wasser zum Kochen. Lassen Sie den Sud bei schwacher Hitze fünf Minuten köcheln.

2 Legen Sie die Gambaschwänze hinein. Nehmen Sie dann den Topf von der Kochstelle.

3 Die Garnelen sollten fünf Minuten ziehen, ehe Sie das Wasser abschütten und sie abkühlen lassen.

4 Sie können die Schalen der Garnelen wahlweise entfernen oder mit servieren. Entfernen Sie jedoch immer mögliche Reste aus dem Sud, etwa Zitrone oder Pfefferkörner.

5 Mischen Sie in einer mittelgroßen Schüssel die Tomatenwürfel und die Johannisbeeren. Schmecken Sie mit Salz und Pfeffer ab.

6 Reissen oder schneiden Sie den Salat in Stücke und verteilen ihn auf zwei Teller. Richten Sie die Tomaten-Johannisbeer-Mischung und die Krabben darauf an.

Ergibt zwei Portionen
Zubereitungszeit: 30 Minuten

■ **TIPP**

Sie können Gambaschwänze auch ohne Schalen kaufen, meist tiefgefroren.

Chicoréesalat mit Brombeeren

Für die Vinaigrette:
1 Limone
2 EL Balsamico-Essig
2 EL Sherry-Essig
2 EL Rotweinessig
1 Eigelb
2 EL Dijonsenf
2 EL Honig
1 EL Sojasauce
250 ml Erdnussöl
2 EL Walnussöl
Salz
Pfeffer

Für den Salat:
45 g frische Brombeeren
2 Chicorée
30 g Walnüsse

TIPP

Verwenden Sie als Geschmacksvariation Sesamöl statt des Erdnussöls.

Vorbereitung

Limone auspressen.

Brombeeren und Chicorée vorsichtig waschen.

Walnüsse hacken.

Zubereitung

Vinaigrette:

1 Verrühren Sie Limonensaft, alle drei Essigsorten, das Eigelb, den Senf, den Honig und die Sojasauce in einer Schüssel.

2 Mischen Sie die Öle unter. Schmecken Sie mit Salz und Pfeffer ab.

3 Decken Sie die Schüssel ab und stellen sie zwei Stunden lang kühl.

Salat:

1 Trennen Sie die äußeren, großen Blätter des Chicorée ab und arrangieren sie auf einem Teller.

2 Die restlichen Blätter schneiden Sie erst kurz vor dem Servieren in fünf Millimeter breite Ringe.

3 Verteilen Sie Walnüsse, Chicoréeringe und Brombeeren auf den Blättern.

4 Gießen Sie etwa zwei Esslöffel der Vinaigrette über den Salat.

5 Falls Vinaigrette übrig bleibt, können Sie sie zur späteren Verwendung in den Kühlschrank stellen.

Ergibt zwei Portionen
Zubereitungszeit: 2 Stunden 15 Minuten

Löwenzahnsalat mit Erdbeeren und Stachelbeer-Vinaigrette

Für die Vinaigrette:
2 EL Stachelbeermarmelade
2 EL Reisweinessig
1 TL Dijonsenf
4 EL Distelöl
4 EL Olivenöl
2 EL Schlagsahne
Salz
Pfeffer

Für den Salat:
1 Bund Löwenzahnblätter
10–12 kleine Blumenkohlröschen
1 Bund Kresse
125 g Ziegenkäse
75 g Erdbeeren

■ TIPP

Wenn Sie das kräftige Aroma von Ziegenkäse nicht sehr schätzen, können Sie diesen durch Schafskäse oder Feta ersetzen.

Vorbereitung

Löwenzahn waschen und abtropfen lassen.

Blumenkohl (in kleine Röschen zerteilt) waschen.

Kresse kurz abspülen.

Ziegenkäse abspülen (falls er in Salzlake eingelegt war) und in Würfel schneiden.

Erdbeeren waschen, entstielen und klein schneiden.

Zubereitung

Vinaigrette:

1 Verschlagen Sie Stachelbeermarmelade und Essig in einer Schüssel, bis eine glatte, flüssige Masse entsteht. Fügen Sie unter Rühren langsam den Senf und die Öle unter.

2 Rühren Sie dann vorsichtig die Sahne ein. Schmecken Sie mit Salz und Pfeffer ab.

3 Die Schüssel sollte bedeckt eine Stunde lang kalt stehen.

Salat:

1 Bringen Sie einen Viertelliter Wasser zum Kochen. Blanchieren Sie darin den Blumenkohl etwa eine Minute. Gießen Sie die Röschen durch ein Sieb ab, und halten Sie sie darin kurz unter fließendes, kaltes Wasser.

2 Arrangieren Sie zuerst die Salatblätter und die Kresse auf die Teller, dann den Blumenkohl, den Ziegenkäse und zu guter Letzt die Erdbeeren.

3 Würzen Sie den Salat zum Schluss mit zwei Esslöffeln Vinaigrette, die Sie darüber gießen.

Ergibt zwei Portionen
Zubereitungszeit: 1 Stunde

Salat mit Räucherforelle, Himbeeren und Preiselbeerdressing

Dressing:
1 Zitrone
250 ml Crème fraîche
4 EL Preiselbeeren aus dem Glas
Salz
Pfeffer

Salat:
2 Köpfe Rauke
1 rote Zwiebel
1 geräucherte Forelle (ca. 350 g)
8 Fleischtomaten
125 g frische Himbeeren

TIPP

Gehackte Walnüsse geben dem Dressing eine besondere Note, fügen Sie eine knappe Hand voll davon hinzu.

Vorbereitung

Zitrone auspressen.

Rauke gründlich in kaltem Wasser waschen und, falls es sich um große Blätter handelt, in mundgerechte Stücke reissen.

Zwiebel schälen und in dünne Ringe schneiden.

Forelle entgräten und klein schneiden.

Tomaten abspülen und vierteln.

Himbeeren vorsichtig waschen.

Zubereitung

Dressing:

1 Vermengen Sie in einer kleinen Schüssel Crème fraîche, Preiselbeeren und Zitronensaft.

2 Schmecken Sie mit Salz und Pfeffer ab.

Salat:

1 Mischen Sie in einer mittelgroßen Schüssel die Rauke mit den Zwiebelringen. Verteilen Sie den Salat dann auf vier Teller.

2 Richten Sie die Forellenstücke, Tomatenviertel und Himbeeren darauf an.

3 Gießen Sie abschließend das Dressing darüber, die Menge steht in Ihrem Belieben.

Ergibt vier Portionen
Zubereitungszeit: 15 Minuten

Obstsalat

2 mittelgroße Orangen
2 Limonen
30 g Himbeeren
30 g weiße Himbeeren
30 g Erdbeeren
30 g Blaubeeren
30 g Brombeeren
1 große Papaya
2 Kiwis
25 g Kokosraspeln

Vorbereitung

Orangen schälen und die Filets über einer mittelgroßen Schüssel herauslösen, auch den Saft darin auffangen.

Mit den Limonen ebenso verfahren.

Himbeeren, Erdbeeren, Blaubeeren und Brombeeren waschen, abtropfen lassen und hinzu fügen.

Die Schüssel abgedeckt zwei Stunden lang kalt stellen.

Zubereitung

1 Schälen und halbieren Sie die Papaya. Entfernen Sie die Kerne.

2 Nun schneiden Sie die Hälften in etwa fingerdicke Scheiben und arrangieren diese auf vier Tellern.

3 Schälen Sie die Kiwis. Auch sie werden in Scheiben geschnitten und zu den Papaya auf den Tellern angerichtet.

4 Verteilen Sie darüber die Orangen-Beeren-Mixtur einschließlich des aufgefangenen Fruchtsafts mit einem Esslöffel.

5 Garnieren Sie den Salat mit Kokosraspeln.

Ergibt vier Portionen
Zubereitungszeit: 15 Minuten plus 2 Stunden Kühlzeit

■ **TIPP**

Variieren Sie dieses Rezept mit Obst Ihrer Wahl.

Hauptgerichte

Krabbenküchlein mit Brombeeren

250 g frisches, weißes Krabbenfleisch
750 ml Wasser
125 g Maismehl
125 g Butter
1 TL Salz
75 g frische Brombeeren
5 EL saure Sahne
5 TL Kaviar

■ TIPP

Vorsicht beim Einrühren des Maismehls in das heiße Wasser: Es kann stark spritzen und Verbrennungen verursachen!

Vorbereitung

Krabbenfleisch säubern.

Zubereitung

1 Bringen Sie das Wasser in einem mittelgroßen Topf zum Kochen. Rühren Sie das Maismehl, die Hälfte der Butter und Salz in das sprudelnde Wasser ein. Sie müssen bei schwacher Hitze so lange weiterrühren, bis das Maismehl das Wasser vollkommen aufgenommen hat und eine glatte Masse im Topf verbleibt.

2 Nehmen Sie den Topf nun von der Kochstelle.

3 Vermengen Sie in einer Schüssel das gekochte, abgekühlte Maismehl mit dem Krabbenfleisch, und fügen Sie die Brombeeren hinzu.

4 Formen Sie daraus zehn Küchlein, die Sie für eine Stunde kühl stellen.

5 Zerlassen Sie die übrige Butter bei schwacher bis mittlerer Hitze in einer großen Pfanne.

6 Wenn die Butter zu brutzeln beginnt, sollten Sie die Krabbenküchlein in die Pfanne legen und von jeder Seite braten, bis sie goldbraun sind.

7 Servieren Sie je zwei Stück mit einem Esslöffel saurer Sahne und einem Teelöffel Kaviar.

Ergibt fünf Portionen
Zubereitungszeit: 1 Stunde 30 Minuten

Gebratener Thunfisch mit Erdbeeren

5–6 große Erdbeeren
60 g Butter
½ TL gemahlener Kreuzkümmel
½ TL gemahlener Zimt
½ TL gemahlener Majoran
½ TL gemahlener Cayennepfeffer
Salz
Pfeffer
2 Thunfischsteaks à 250 g
4 EL Erdnussöl

■ TIPP

Als italienische Variante dieses Gerichts braten Sie die Steaks bei nicht ganz so großer Hitze, dafür aber ein wenig länger in Olivenöl statt in Erdnussöl.

Vorbereitung

Erdbeeren waschen, entstielen und dritteln.

Zubereitung

1 Zerlassen Sie die Butter in einer kleinen Pfanne bei schwacher Hitze.

2 Legen Sie die Erdbeerdrittel hinein. Schmoren Sie sie drei Minuten, bis sie weich sind. Dann stellen Sie sie beiseite.

3 Mischen Sie Kreuzkümmel, Zimt, Majoran, Cayennepfeffer, Salz und Pfeffer. Bestreuen Sie die Thunfischsteaks großzügig damit.

4 Erhitzen Sie das Erdnussöl in einer kleinen Pfanne und braten Sie die Steaks bei hoher Temperatur auf jeder Seite etwa drei bis vier Minuten, bis sie dunkelbraun gebraten sind. Dabei entsteht viel Rauch!

5 Garnieren Sie die Steaks mit den Erdbeeren. Servieren Sie den Thunfisch möglichst heiß.

Ergibt zwei Portionen
Zubereitungszeit: 15 Minuten

Gefüllter Hummer mit Preiselbeeren

60 g Maiskörner aus der Dose (oder 45 g frische Maiskörner)
¼ rote Paprika
1 milde grüne Peperoni
30 g Butter
2 EL Weizenmehl
250 ml Sahne (mit niedrigem Fettgehalt)
50 g Preiselbeeren
Salz
Pfeffer
1 lebender Hummer (ca. 750 g)

Vorbereitung

Maiskörner abtropfen lassen.

Paprikaviertel fein hacken.

Peperoni entkernen und klein schneiden.

Backofen auf 220 °C (Gas Stufe 7) vorheizen.

Zubereitung

1 Bereiten Sie eine Mehlschwitze, indem Sie Butter in einer Pfanne bei mittlerer Hitze zerlassen, Mehl zufügen und beides vier bis fünf Minuten unter Rühren aufkochen lassen.

2 Mischen Sie dann langsam mit dem Schneebesen die Sahne bei. Nehmen Sie die Pfanne sofort von der Kochstelle, das Fett in der Sahne flockt sonst aus.

3 Erhitzen Sie einen Viertelliter Wasser in einem Topf. Kochen Sie die Preiselbeeren etwa eine Minute darin, bis sie aufzuplatzen beginnen. Seihen Sie sie dann durch ein Sieb ab.

4 Ergänzen Sie die Sahnemehlschwitze um Maiskörner, Paprika, Peperoni und Preiselbeeren. Schmecken Sie die Mischung mit Salz und Pfeffer ab.

5 Erhitzen Sie in einem großen Topf mit Deckel vier Liter Wasser und schalten Sie dann die Hitze herunter.

6 Legen Sie den Hummer mit den Scheren voran in den Topf. Kochen Sie ihn zugedeckt etwa sechs Minuten lang.

7 Trennen Sie den Hummer auf einem großen Schneidebrett mit einem langen, schweren Messer der Länge nach in zwei Hälften. Schneiden Sie dabei vom Kopfansatz zum Schwanz (der Panzer zeigt nach oben). Drehen Sie den Hummer dann um. Den Kopf können Sie von der anderen Seite besser durchtrennen.

8 Lösen Sie mit einer Gabel das Fleisch aus dem Schwanz, hacken Sie es grob klein und heben Sie es unter die Mais-Preiselbeer-Mischung.

9 Füllen Sie den Schwanz mit dieser Mischung.

10 Legen Sie den Hummer in eine Fettpfanne. Backen Sie ihn etwa acht bis zehn Minuten im Ofen.

Ergibt zwei Portionen
Zubereitungszeit: 1 Stunde

■ **TIPP**

Ersetzen Sie den Mais durch 60 Gramm gehäutete, gut abgetropfte Orangenfilets.

Gegrillter Schwertfisch mit Johannisbeerbutter

60 g Butter
120 ml Wasser
3 EL frische rote Johannisbeeren
Salz
Pfeffer
2 Schwertfischfilets à 250 g
1 EL Olivenöl

Vorbereitung

Butter bei Zimmertemperatur weich werden lassen.

Zubereitung

1 Erhitzen Sie das Wasser bei schwacher Hitze in einem kleinen Topf.

2 Pochieren Sie die Johannisbeeren ein Minute darin.

3 Schütten Sie sie in ein Sieb. Wenn sie abgetropft und ausgekühlt sind, können Sie sie mit Butter, Salz und Pfeffer verrühren.

4 Formen Sie die Johannisbeerbutter mit Hilfe von Pergamentpapier oder Folie zu einem etwa zwölf Zentimeter langen Stück. Es braucht etwa eine Stunde, um im Kühlschrank fest zu werden.

5 Heizen Sie inzwischen entweder Ihren Gartengrill gut vor oder stellen Sie Ihren Backofengrill auf eine hohe Stufe.

6 Würzen Sie die Schwertfischfilets mit Salz und Pfeffer. Reiben Sie sie mit Olivenöl ein.

7 Grillen Sie jede Seite drei bis vier Minuten lang, bis der Fisch weich ist.

8 Garnieren Sie jede Portion mit einer Scheibe Johannisbeerbutter.

Ergibt zwei Portionen
Zubereitungszeit: 1 Stunde 15 Minuten

TIPP

Sie können statt des Schwertfisches auch ganze Forellen grillen.

Gedünstete Garnelen mit Preiselbeer-Gazpacho

4 EL Preiselbeer-Gazpacho (s. S. 34)
425 ml Wasser
100 g Basmati-Reis
Salz
Pfeffer
12 rohe, große Garnelen
4 EL sehr fein gehackte Petersilie

Vorbereitung

Gazpacho zubereiten, wie auf Seite 34 angegeben, und beiseite stellen.

Zubereitung

1 Bringen Sie in einem kleinen Topf 175 Milliliter Wasser zum Kochen. Geben Sie den Reis hinein, und lassen Sie ihn auf kleiner Stufe köcheln. Rühren Sie nun Salz und Pfeffer ein. Kochen Sie den Reis zwölf bis 15 Minuten lang im geschlossenen Topf, bis er die Flüssigkeit ganz aufgenommen hat. Stellen Sie ihn dann abgedeckt beiseite, er quillt in der Wärme des Topfes aus.

2 Erhitzen Sie nun den Preiselbeer-Gazpacho bei mittlerer Hitze in einem kleinen Topf. Geben Sie zwei Esslöffel Wasser hinzu, damit er nicht anbrennt. Stellen Sie ihn anschließend ebenfalls zugedeckt beiseite.

3 Bringen Sie in einem tiefen Topf eine Tasse Wasser zum Kochen. Legen Sie die Garnelen in ein Sieb und hängen Sie dieses in den Topf. Schließen Sie den Topf, sodass die Garnelen etwa drei bis vier Minuten lang im Wasserdampf garen, bis sie fest und undurchsichtig sind. Lassen Sie sie abtropfen.

4 Mischen Sie die Petersilie unter den Reis.

5 Verteilen Sie ihn auf die Teller. Geben Sie den Preiselbeer-Gazpacho und zum Schluss die Garnelen darüber.

Ergibt zwei Portionen
Zubereitungszeit: 1 Stunde einschließlich der Zubereitung des Gazpachos

■ **TIPP**

Servieren Sie dazu frisches Baguette mit Kräuterbutter.

Schwarze Fettuccine mit Brombeer-Sahne-Sauce

4 Stangen grünen Spargel
3 große Schalotten
3 Fleischtomaten
150 g frische Brombeeren
2 ¼ l Wasser
30 g Butter
5 ½ EL trockener Weißwein
175 ml Schlagsahne
Salz
Pfeffer
300 g frische schwarze Fettuccine

■ TIPP

Schwarze Fettuccine werden mit Tintenfischtinte gefärbt. Sie können statt dieser effektvollen Nudeln auch weiße oder grüne Tagliatelle nehmen.

Vorbereitung

Spargel waschen und in fünf Zentimeter lange Stücke schneiden.

Schalotten putzen und in Ringe schneiden.

Tomaten waschen und vierteln.

Brombeeren waschen und abtropfen lassen.

Zubereitung

1 Erhitzen Sie einen Viertelliter Wasser, und blanchieren Sie den Spargel darin eine Minute. Gießen Sie ihn in einem Sieb ab und halten ihn unter kaltes Wasser, bis er vollkommen abgekühlt ist. Stellen Sie ihn dann eine Weile beiseite.

2 Zerlassen Sie in einer großen Pfanne die Butter. Braten Sie die Schalotten darin an, bis sie glasig werden.

3 Löschen Sie mit Weißwein ab. Wenn er zur Hälfte eingekocht ist, gießen Sie die Schlagsahne zu und lassen die Mischung wiederum bis zur Hälfte einkochen.

4 Stellen Sie die Kochplatte auf geringe Hitze. Geben Sie die Tomatenviertel, den Spargel und die Brombeeren sowie Salz und Pfeffer in die Pfanne.

5 Erhitzen Sie zwei Liter leicht gesalzenes Wasser. Kochen Sie die Fettuccine etwa drei Minuten im sprudelnden Wasser. Wenn sie al dente sind, schütten Sie das Wasser ab.

6 Mischen Sie die Nudeln mit der Sauce. Sie können die Sauce aber auch extra dazu reichen.

Ergibt zwei Portionen
Zubereitungszeit: 15 Minuten

Bratfisch mit Blaubeer-Butter-Sauce

60 g Butter
2 Seebarschfilets à 250 g
Salz
Pfeffer
4 EL Weizenmehl
2 EL Erdnussöl
5 ½ EL Blaubeeressig
4 EL Schlagsahne

Vorbereitung

Butter weich werden lassen.

Backofen auf 220 °C (Gas Stufe 7) vorheizen.

Zubereitung

1 Würzen Sie die Fischfilets mit Salz und Pfeffer. Bestäuben Sie sie von beiden Seiten mit Mehl.

2 Erhitzen Sie das Erdnussöl in einer großen Pfanne. Kurz bevor sich Rauch entwickelt, legen Sie die Filets hinein und braten sie auf einer Seite an.

3 Nehmen Sie die Filets aus der Pfanne. Legen Sie sie mit der ungebräunten Seite nach unten auf ein Backblech und backen sie etwa sechs Minuten lang im Ofen.

4 Dann geben Sie den Fisch zurück in die Pfanne und braten ihn bei großer Hitze weiter.

5 Gießen Sie nun den Blaubeeressig dazu. Sobald er fast ganz verkocht ist, kommt die Schlagsahne – bei nun reduzierter Hitze – in die Pfanne. Ist diese eingedickt, rühren Sie nach und nach die Butter unter und schmecken die Sauce mit Salz und Pfeffer ab.

6 Legen Sie die fertigen Filets auf zwei Teller und geben Sie je einen Esslöffel Sauce darüber.

Ergibt zwei Portionen
Zubereitungszeit: 15 Minuten

■ **TIPP**

Wenn Sie Fruchtig-Pikantes mögen, können Sie mit dem Blaubeeressig einen Teelöffel frischen, gehackten Ingwer in die Pfanne geben.

Schälrippchen mit Himbeer-Barbecue-Sauce

1 Zwiebel
2 Reihen Schälrippchen
Salz
Pfeffer
350 ml Wasser
350 g Himbeermarmelade
250 ml Tomatenketchup
½ TL Cayennepfeffer

TIPP

Als Beilage eignen sich Reis und Paprikagemüse.

Vorbereitung

Zwiebel schälen und fein hacken.

Rippchenreihen so zusammenbinden, dass die Bögen sich Rücken an Rücken gegenüber liegen, und mit Salz und Pfeffer würzen.

Backofen auf 130 °C (Gas: halbe Hitze) vorheizen.

Zubereitung

1 Legen Sie die Rippchen in die Fettpfanne des Backofens. Gießen Sie das Wasser darüber. Bedecken Sie das Blech anschließend mit Alufolie.

2 Dünsten Sie die Rippchen zwei Stunden lang, bis das Fleisch zart ist. Stellen Sie sie beiseite.

3 Vermischen Sie in einer Pfanne die Marmelade, den Ketchup, die Zwiebel und den Cayennepfeffer. Lassen Sie alles bei schwacher Hitze fünf Minuten lang köcheln.

4 Würzen Sie nach Belieben mit Salz und Pfeffer. Verdünnen Sie die Sauce mit etwas Wasser, falls sie zu sehr eindickt.

5 Schneiden Sie die Rippchenreihen, immer noch zusammengebunden, je nach Personenzahl in Hälften oder Drittel. Sie können die Sauce direkt darüber geben oder in einer Sauciere getrennt dazu reichen.

Ergibt vier bis sechs Portionen
Zubereitungszeit: 3 Stunden

Gebratenes Lamm mit Preiselbeersauce

1 Lammlende (ca. 175–250 g)
Salz
Pfeffer
2 Knoblauchzehen
1 Scheibe Brot (jedwede Sorte)
4 EL Sherry, Weinbrand oder Rotwein
4 EL Hühnerbrühe
30 g Preiselbeeren, frisch oder aus dem Glas
15 g Butter

Vorbereitung

Das Fett vom Fleisch lösen und mit einem scharfen Messer die Silberhaut (glänzende Außenhaut des Fleisches) abtrennen.

Lende mit Salz und Pfeffer würzen.

Backofen auf 230 °C (Gas Stufe 8) vorheizen.

Zubereitung

1 Braten Sie die Lende bei hoher Temperatur in einer ofentauglichen Pfanne von beiden Seiten an, bis sie goldbraun ist.

2 Ziehen Sie die Pfanne von der Herdplatte. Reiben Sie die Lende auf beiden Seiten mit den ganzen Knoblauchzehen ein.

3 Legen Sie die Scheibe Brot in die Mitte der Pfanne und die Lende oben darauf. Auf diese Weise brät das Fleisch gleichmäßig durch.

4 Stellen Sie die Pfanne nun fünf bis zehn Minuten lang in den Backofen, je nachdem, ob Sie das Fleisch blutig, medium oder durchgebraten wünschen.

5 Schneiden Sie die Lende schräg in Scheiben und arrangieren sie auf den Tellern.

6 Stellen Sie die Pfanne zurück auf die Herdplatte. Gießen Sie bei mittlerer Hitze den Sherry hinein. Auch hier ist Vorsicht geboten, da kurz Flammen aufschlagen können.

7 Wenn der Sherry etwas verkocht ist, können Sie die Hühnerbrühe hinzufügen. Nach etwa einer Minute ist sie so weit eingedickt, dass Sie Preiselbeeren und Butter beigeben können. Schwenken Sie die Pfanne, damit die Butter gleichmäßig schmilzt.

8 Würzen Sie nach Belieben mit Salz und Pfeffer.

9 Geben Sie die Preiselbeersauce über das Lamm oder reichen Sie sie gesondert.

Ergibt zwei Portionen
Zubereitungszeit: 30 Minuten

■ TIPP

Statt einer ofentaugliche Pfanne können Sie auch eine Bratreine oder einen gusseisernen Schmortopf verwenden.

Geschmortes Schweinekotelett mit Blaubeer-Sahne-Sauce

2 Schweinekoteletts à 175–250 g
Salz
Pfeffer
120 ml Sherry
35 g getrocknete Blaubeeren
120 ml Schlagsahne

Vorbereitung

Backofen auf 200 °C (Gas Stufe 6) vorheizen.

Koteletts salzen und pfeffern.

Zubereitung

1 Braten Sie die Koteletts bei hoher Temperatur in einer ofentauglichen Pfanne von beiden Seiten kurz an.

2 Gießen Sie den Sherry den Rand entlang in die Pfanne, sodass Flammen aufschlagen.

3 Sobald die Flammen nachlassen, fügen Sie die Blaubeeren hinzu.

4 Stellen Sie die Pfanne, mit Alufolie abgedeckt, für 15 Minuten in den Backofen.

5 Wenn das Fleisch durch ist, nehmen Sie die Pfanne aus dem Ofen, legen die Koteletts abgedeckt auf einem Teller beiseite und bringen die Pfanne zurück auf die Herdplatte. Vorsicht mit dem heißen Stiel!

6 Lassen Sie die Flüssigkeit in der Pfanne bei großer Hitze zur Hälfte einkochen. Wiederholen Sie den Vorgang mit der Sahne; es dauert etwa zwei Minuten, bis sie eindickt.

7 Schmecken Sie die Sauce mit Salz und Pfeffer ab.

Ergibt zwei Portionen
Zubereitungszeit: 30 Minuten

■ TIPP

Als Beilage eignen sich Feingemüse und Rosmarin-Kartoffeln.

Gegrillte Hähnchenbrust mit Himbeerküchlein

1 Limone
1 EL ganze schwarze Pfefferkörner
4 Hähnchenbrustfilets
60 g frische weiße oder rote Himbeeren
2 Knoblauchzehen
1 große gelbe oder grüne Zucchini
120 ml Blaubeeressig
350 ml Olivenöl vergine
1 Ei
15 g frische Brotkrümel
Salz
Pfeffer

Vorbereitung

Limone auspressen und Saft auffangen.

Pfefferkörner zerstoßen.

Hähnchenbrustfilets flach klopfen.

Himbeeren waschen.

Knoblauch fein hacken.

Zucchinis raspeln.

Zünden Sie entweder Ihren Gartengrill an oder heizen Sie Ihren Backofengrill auf hoher Stufe vor.

Zubereitung

1 Vermengen Sie in einer großen Schüssel den Knoblauch, den Blaubeeressig, den Limonensaft, 250 Milliliter des Olivenöls und die zerstoßenen Pfefferkörner. Marinieren Sie darin die Hähnchenbrustfilets eine Stunde lang.

2 Mischen Sie die Zucchini in einer großen Schüssel mit dem Ei, den Brotkrümeln, den Himbeeren und mit Salz und Pfeffer. Formen Sie daraus vier Küchlein. Diese sollten eine Stunde im Kühlschrank ruhen.

3 Platzieren Sie die Hähnchenbrustfilets nun mit der Haut nach oben auf den heißesten Teil des Grillrosts bzw. unter den Ofengrill. Wenden Sie sie alle ein bis zwei Minuten, bis sie durch sind.

4 Erhitzen Sie in einer großen Pfanne das übrige Olivenöl. Kurz bevor sich Rauch entwickelt, legen Sie die Küchlein hinein und braten sie auf beiden Seiten goldbraun. Reduzieren Sie die Hitze.

5 Servieren Sie dieses Gericht mit Hagebuttenmajonäse.

Ergibt zwei Portionen
Zubereitungszeit: 2 Stunden

Hagebuttenmajonäse

2 Eigelbe
1 EL Dijonsenf
1 EL Zitronensaft
500 ml Olivenöl
Salz
Pfeffer
2 EL Hagebuttenmus

Zubereitung

1 Mischen Sie die Eigelbe mit Senf und Zitronensaft und rühren Sie dann Tropfen für Tropfen das Olivenöl unter.

2 Schmecken Sie mit Salz und Pfeffer ab.

3 Wenn die Masse fest wird, heben Sie das Hagebuttenmus unter.

Ergibt 600 Milliliter Majonäse
Zubereitungszeit: 10 Minuten

Hähnchen-Kumquat-Spiesse mit pikantem Preiselbeerketchup

10 Bambusspieße (ca. 15 cm lang)
5 Hähnchenbrustfilets
4 milde, grüne Peperoni
20 ganze Kumquats
125 g frische Preiselbeeren
125 g Tomatenmark
120 ml Rotweinessig
20 Spritzer Tabasco
50 g Zucker
Salz
Pfeffer
4 EL Pflanzenöl

■ TIPP

Wenn Sie längere Spieße verwenden, können Sie die Früchte um große Bananen- oder Apfelstücke ergänzen.

Vorbereitung

Spieße eine halbe Stunde lang wässern, damit sie beim Kochen nicht anbrennen.

Hähnchenbrüste in je sechs gleich große Teile schneiden.

Peperoni waschen, die Kerne entfernen und klein hacken.

Kumquats waschen und abtropfen lassen.

Zünden Sie entweder Ihren Gartengrill an oder heizen Sie Ihren Backofengrill auf hoher Stufe vor.

Zubereitung

1 Stecken Sie abwechselnd Hähnchenbruststücke und Kumquats auf die Spieße, und zwar jeweils drei Stücke Hähnchen und zwei Kumquats.

2 Blanchieren Sie die Preiselbeeren etwa zwei Minuten in einem großen Topf mit kochendem Wasser, bis sie beginnen aufzuplatzen.

3 Geben Sie die abgetropften Beeren mit dem Tomatenmark, dem Essig, den Peperoni, Tabasco, Zucker, Salz und Pfeffer in einen Mixer und pürieren Sie alles. Streichen Sie die Mischung anschließend durch ein feines Sieb. Stellen Sie sie beiseite.

4 Bestreichen Sie die Spieße mit ein wenig Pflanzenöl, würzen Sie sie nach Belieben mit Salz und Pfeffer.

5 Grillen Sie die Spieße dann unter häufigem Wenden, bis die Hähnchenstücke gut durch sind.

6 Servieren Sie jeden Spieß mit zwei Esslöffeln Preiselbeerketchup.

Ergibt zehn Spieße
Zubereitungszeit: 45 Minuten

Gebratene Entenbrust mit Kapstachelbeeren

40 g Kapstachelbeeren
2 EL Erdnussöl
2 mittelgroße Entenbrustfilets
4 EL weißer Zinfandel oder ein anderer leichter Rosé
4 EL Hühnerbrühe
15 g gekühlte Butter
Salz
Pfeffer

■ TIPP

Statt der großen, fruchtigen Kapstachelbeeren können Sie auch hiesige Stachelbeeren verwenden.
Sie sind allerdings schlechter von der Haut zu befreien.

Vorbereitung

Kapstachelbeeren schälen.

Backofen auf 230 °C (Gas Stufe 8) vorheizen.

Zubereitung

1 Erhitzen Sie das Erdnussöl in einer schweren, ofentauglichen Pfanne. Kurz bevor sich Rauch entwickelt, legen Sie die Entenbrustfilets mit der fetten Hautseite nach unten hinein.

2 Braten Sie das Fleisch etwa drei Minuten bei großer Hitze an. Wenden Sie die Filets dann, und schieben Sie die Pfanne für etwa acht Minuten in den Backofen. Bei der Druckprobe sollte sich das fertig gegarte Fleisch fest anfühlen.

3 Schneiden Sie die Filets in Scheiben. Stellen Sie sie auf einem Teller zugedeckt beiseite.

4 Erhitzen Sie die Flüssigkeit in der Pfanne nun wieder auf der Kochplatte. Gießen Sie den Wein hinein und lassen ihn zur Hälfte einkochen.

5 Fügen Sie die Hühnerbrühe und die Kapstachelbeeren zu. Die Flüssigkeit soll wiederum einkochen.

6 Rühren Sie zum Schluss die Butter sowie Salz und Pfeffer unter.

7 Geben Sie die Sauce über die Entenbrustfilets.

Ergibt zwei Portionen
Zubereitungszeit: 25 Minuten

Festtagsputer mit zweierlei Sauce

1 Puter mit Innereien (Gewicht ca. 3 kg)
2 Granny Smith
2 Zweige frische Minze
1 Zimtstange
3–4 ganze Gewürznelken
350 ml Wasser
125 g Preiselbeeren
50 g Zucker (oder nach Belieben)
30 g Butter
2 EL Weizenmehl
Salz
Pfeffer

Vorbereitung

Puter gründlich abspülen und mit Salz und Pfeffer abreiben.

Beutel mit den Innereien öffnen und die Innereien ebenfalls spülen.

Äpfel schälen und Kerngehäuse entfernen.

Apfelschalen, Kerngehäuse, Minze, Zimtstange und Gewürznelken als so genanntes Bouquet garni in ein feines Baumwolltuch einbinden.

Backofen auf 190 °C (Gas Stufe 5) vorheizen.

Zubereitung

1 Geben Sie den Puter und die Innereien mit dem Wasser in einen Bräter.

2 Braten Sie das Geflügel etwa anderthalb Stunden lang, bis der Saft aus den Gelenken tritt. Beträufeln Sie die Haut dabei alle 15 Minuten mit Fett. Falls nötig, ergänzen Sie Wasser.

3 In der Zwischenzeit legen Sie die geschälten Äpfel, die Preiselbeeren und das Bouquet garni in einen großen Topf und bedecken alles mit kaltem Wasser. Kochen Sie diese Mischung dann bei mittlerer Hitze unter häufigem Rühren etwa eine Stunde lang.

4 Falls nötig, gießen Sie kaltes Wasser hinzu, bringen die Flüssigkeit wieder zum Kochen und lassen sie dann bei schwacher Hitze weiter köcheln. Diese Zubereitungsart macht die Äpfel und Preiselbeeren weicher und die Sauce damit glatter.

5 Entfernen Sie nun das Bouquet garni aus dem Topf. Schmecken Sie die Sauce mit Zucker oder mit Johannisbeergelee ab. Halten Sie sie bis zum Servieren warm.

6 Wenn der Puter fertig gebraten ist, lassen Sie ihn zehn Minuten abkühlen.

7 Gießen Sie den Bratensaft in ein Gefäß, das Sie beiseite stellen.

8 Bereiten Sie nun die Bratensauce: Zerlassen Sie die Butter in einer Pfanne und rühren das Mehl unter bis es aufkocht, sodass Sie eine Mehlschwitze erhalten. Fügen Sie nun vorsichtig und unter ständigem Rühren den Bratensaft und gegebenenfalls Wasser hinzu. Würzen Sie mit Salz und Pfeffer.

9 Servieren Sie den Puter mit der heißen Bratensauce und der Preiselbeersauce.

Ergibt vier Portionen
Zubereitungszeit: 2 Stunden

■ TIPP

Wenn Sie keine allzu fette Sauce schätzen, können Sie das Fett vom beiseite gestellten Bratensaft abschöpfen, das sich nach einer Weile an dessen Oberfläche abgesetzt haben wird.

Desserts

Gebäck nach Linzer Art

200 g Zucker
265 g Butter
½ TL Salz
1 TL Backaroma Vanille
280 g Weizenmehl
325 g Himbeermarmelade

Vorbereitung

Backblech fetten.

Backofen auf 180 °C (Gas Stufe 4) vorheizen.

Zubereitung

1 Verrühren Sie den Zucker, 250 Gramm Butter, Salz und Backaroma zu einer glatten Masse.

2 Geben Sie unter Rühren das Mehl hinzu, bis sich aus dem Teig eine Kugel bildet.

3 Rollen Sie den Teig. Legen Sie die Rolle eine Stunde in den Kühlschrank.

4 Schneiden Sie die Rolle in 20 gleich große Stücke und rollen Sie jedes Stück mit einer Teigrolle auf etwa fünf Millimeter Dicke aus.

5 Stechen Sie mit einem kannelierten Förmchen (Durchmesser etwa zehn Zentimeter) aus den Teigstücken Plätzchen aus.

6 Stechen Sie nun Löcher von etwa einem Zentimeter Durchmesser in die Hälfte der bereits ausgestochenen Plätzchen.

7 Verteilen Sie die Plätzchen mit je zweieinhalb Zentimeter Abstand auf dem gefetteten Backblech.

8 Backen Sie die Plätzchen acht bis zehn Minuten lang, bis sie goldbraun werden.

9 Nehmen Sie sie dann vorsichtig vom Blech und lassen sie auskühlen.

10 Streichen Sie Himbeermarmelade auf die Plätzchen ohne Loch und legen Sie dann diejenigen mit Loch darüber.

Ergibt zehn Plätzchen
Zubereitungszeit: 1 Stunde 30 Minuten

■ TIPP

Besonders edel wirken die Linzer Plätzchen, wenn Sie 60 Gramm Puderzucker in ein feines Sieb geben und sparsam darüber stäuben.

Himbeer- und Blaubeer-Tortelettes mit Zitronencreme

Für die Zitronencreme:
3 ungespritzte Zitronen
3 Eigelbe
3 EL Zucker
120 ml Schlagsahne

Für die Tortelettes:
140 g Weizenmehl
125 g kalte Butter
2 TL Zucker
½ TL Salz

Für den Belag:
75 g Blaubeeren
60 g Himbeeren

Vorbereitung

Zitronenschale abreiben und Zitronen auspressen.

Butter in kleine Stücke schneiden.

Blaubeeren und Himbeeren vorsichtig waschen und abtropfen lassen.

Backofen auf 180 °C (Gas Stufe 4) vorheizen.

Zubereitung

Zitronencreme (erste Phase):

1 Mischen Sie in einer Glasschüssel abgeriebene Zitronenschale, Zitronensaft, Eigelbe und Zucker.

2 Verquirlen Sie die Mischung im heißen Wasserbad, bis sie fest wird.

3 Stellen Sie sie dann drei Stunden lang in den Kühlschrank.

Tortelettes:

1 Verkneten Sie in einer großen Schüssel mit den Fingern das Mehl, die Butterstücke, den Zucker und das Salz zu einem festen Mürbeteig. Fügen Sie ein paar Esslöffel kaltes Wasser hinzu, um den Teig zu binden.

2 Teilen Sie den Teig in vier gleich große Teile. Lassen Sie ihn zwei Stunden im Kühlschrank ruhen.

3 Rollen Sie die Teigstücke auf einer sauberen, glatten Oberfläche aus. Drücken Sie sie in vier Tortelettförmchen mit etwa zehn Zentimetern Durchmesser.

4 Backen Sie die Böden etwa 25 Minuten lang, bis sie goldbraun sind, und lassen Sie sie dann abkühlen.

Zitronencreme (zweite Phase):

1 Holen Sie die Zitronenmischung aus dem Kühlschrank.

2 Schlagen Sie die Sahne steif.

3 Rühren Sie etwas Sahne unter die Zitronenmischung und heben Sie diese Mixtur dann unter die restliche Sahne.

4 Vertreilen Sie die Creme auf die Tortelettes.

5 Arrangieren Sie zum Schluss die Blaubeeren und Himbeeren auf der Zitronencreme.

Ergibt vier Portionen
Zubereitungszeit: 3 Stunden 30 Minuten

■ TIPP

Sie können natürlich auch andere Beeren oder Beerenmischungen als Belag wählen.

Gedeckter Blaubeerkuchen

250 g kalte Butter
300 g frische Blaubeeren
280 g Weizenmehl
150 g Zucker
2 TL Salz
4–5 EL Eiswasser
2 EL Wasser
1 Ei

Vorbereitung

Butter in kleine Stücke schneiden.

Blaubeeren waschen und abtropfen lassen.

Backofen auf 180 °C (Gas Stufe 4) vorheizen.

Zubereitung

1 Vermengen Sie Butter, Mehl, 50 Gramm des Zuckers und einen Teelöffel Salz mit einer Gabel oder den Fingern, bis die Masse die Konsistenz von grobem Maismehl annimmt. Fügen Sie esslöffelweise Eiswasser zu, um den Teig zu einem Mürbeteig zu binden.

2 Teilen Sie ihn in zwei Hälften, schlagen diese in Plastikfolie ein und legen sie zwei Stunden in den Kühlschrank.

3 Bestäuben Sie eine saubere, glatte Oberfläche mit Mehl. Rollen Sie eine der Teighälften darauf zu einem Kreis mit 20 Zentimetern Durchmesser aus.

4 Drücken Sie den Teig so in eine Kuchenform mit etwa 20 Zentimetern Durchmesser, dass ein Rand entsteht.

5 Mischen Sie in einer mittelgroßen Schüssel die Blaubeeren mit dem übrigen Zucker und einem Teelöffel Salz. Füllen Sie sie auf den Teigboden.

6 Rollen Sie die zweite Teighälfte zu einem dünnen Rechteck aus. Schneiden Sie sie dann in etwa zwei Zentimeter breite Streifen.

7 Legen Sie mit den Streifen ein Gitter über die Blaubeeren. Arbeiten Sie die Enden in den vorhandenen Rand ein.

8 Verschlagen Sie das Ei mit zwei Esslöffeln Wasser. Bestreichen Sie die Streifen und den Kuchenrand mit dieser Flüssigkeit.

9 Backen Sie den Kuchen 45-50 Minuten lang, bis der Teig eine goldbraune Färbung annimmt.

Ergibt sechs Portionen
Zubereitungszeit: 3 Stunden

■ **TIPP**

Mit frischer Schlagsahne ist dieser Kuchen ein Gedicht!

Brombeercreme

75 g frische Brombeeren
1 TL Butter
100 g Zucker
2 Eigelbe
500 ml Schlagsahne

Vorbereitung

Brombeeren waschen und abtropfen lassen.

Vier Auflauf- oder Soufflléförmchen (à 175 Milliliter Fassungsvermögen) mit Butter ausstreichen und je einem halben Esslöffel Zucker bestreuen. Kaltstellen.

Backofen auf 180 °C (Gas Stufe 4) vorheizen.

Zubereitung

1 Verrühren Sie die Eigelbe mit vier Esslöffeln Zucker.

2 Schlagen Sie diese Mischung, bis sie hellgelb ist.

3 Fügen Sie dann die Schlagsahne hinzu. Schöpfen Sie den Schaum von der Oberfläche ab.

4 Rühren Sie nun die Brombeeren unter. Legen Sie zwei oder drei Beeren beiseite. Zerdrücken Sie diese mit einer Gabel, und fügen Sie zwei Esslöffel Zucker und ein bisschen Wasser hinzu. Stellen Sie die Schüssel beiseite.

5 Gießen Sie die Ei-Sahne-Mischung in die Auflaufförmchen. Stellen Sie diese in die Fettpfanne. Füllen Sie die Fettpfanne bis auf halbe Höhe der Förmchen mit Wasser. Backen Sie die Creme etwa 45 Minuten lang, bis sie fest wird.

6 Nehmen Sie die Förmchen vom Blech. Lassen Sie sie etwa eine Stunde lang auskühlen.

7 Stürzen Sie die Creme auf Teller. Geben Sie die Brombeersauce darüber.

Ergibt vier Portionen
Zubereitungszeit: 2 Stunden

■ TIPP

Erschrecken Sie nicht, wenn die Creme nach dem Backen noch sehr weich wirkt. Sie gewinnt während des Auskühlens an Festigkeit.

Schoko-Himbeer-Kuchen

Schokoladenkuchen:
120 g frische Himbeeren
120 ml Himbeergeist
125 g Walnüsse
2 EL Maismehl
350 g Blockschokolade
350 g Butter
5 EL Zucker
6 Eier

Himbeersauce:
60 g frische Himbeeren
2 EL Zucker

■ TIPP

Für Kinder können Sie die Blockschokolade durch Vollmilchschokolade und den Himbeergeist durch Himbeersaft ersetzen.

Vorbereitung

Himbeeren vorsichtig waschen und abtropfen lassen.

120 Gramm Himbeeren zwei Stunden lang im Himbeergeist einweichen.

Walnüsse mahlen.

Maismehl in zwei Esslöffeln Himbeergeist auflösen.

Backofen auf 180 °C (Gas Stufe 4) vorheizen.

Zubereitung

Schokoladenkuchen:

1 Schmelzen Sie die Schokolade, die Butter und fünf Esslöffel Zucker im Wasserbad. Während die Mischung abkühlt, mischen Sie in einer mittelgroßen Schüssel die gemahlenen Walnüsse mit den Eiern, den eingeweichten Himbeeren und dem Maismehl.

2 Verrühren Sie die Walnuss- mit der Schokoladenmischung. Füllen Sie diesen Teig in eine Springform mit 30 Zentimetern Durchmesser und backen ihn etwa 40 Minuten lang, bis er fest ist. Stellen Sie den abgekühlten Kuchen in der Springform über Nacht in den Kühlschrank, damit er sich setzt.

Himbeersauce:

1 Kochen Sie die Himbeeren etwa zehn Minuten zusammen mit zwei Esslöffeln Zucker und einem Esslöffel Wasser in einem mittelgroßen Topf bei schwacher Hitze. Rühren Sie dabei gelegentlich um.

2 Streichen Sie die Masse durch ein Sieb. Sie sollte, am besten über Nacht im Kühlschrank, abkühlen.

3 Lösen Sie den Kuchen vor dem Servieren aus der Form. Reichen Sie dazu die Himbeersauce.

Ergibt zwölf Portionen
Zubereitungszeit: 3 Stunden plus eine Nacht zum Auskühlen

Pistazien-Orangen-Soufflé mit heisser Blaubeersauce

75 g frische Blaubeeren
2 Eier
1 unbehandelte Orange (oder ein TL Backaroma Orange)
15 g Butter
2 EL fein gehackte Pistazien
7 EL Zucker
2 TL Grand Marnier oder anderer Orangenlikör

Vorbereitung

Blaubeeren waschen und abtropfen lassen.

Eier trennen.

Orangenschale abreiben.

Zwei Souffléförmchen mit je 175 Milliliter Fassungsvermögen mit Butter ausstreichen.

Pistazien mit zwei Esslöffeln Zucker mischen, Förmchen damit ausstreuen und kalt stellen.

Backofen auf 180 °C (Gas Stufe 4) vorheizen.

Zubereitung

1 Kochen Sie die Blaubeeren mit drei Esslöffeln Zucker und ein bisschen Wasser in einem mittelgroßen Topf bei schwacher Hitze, bis sie aufplatzen.

2 Halten Sie die Blaubeeren dann bei kleinster Hitze warm.

3 Verrühren Sie in einer kleinen Schüssel die Eigelbe mit der Orangenschale (oder dem Backaroma), dem Grand Marnier und dem restlichen Zucker.

4 Schlagen Sie das Eiweiß in einer hohen Rührschüssel steif.

5 Heben Sie einen Teil des Eischnees unter die Eigelbmischung und dann diese Mischung wieder unter den restlichen Eischnee.

6 Streichen Sie diese Masse mit einem Plastikspachtel in die zwei Souffléförmchen.

7 Stellen Sie die Soufflés in eine Fettpfanne, in die Sie bis zu halber Höhe der Förmchen Wasser gießen.

8 Backen Sie die Soufflés zehn Minuten lang, bis sie sich über den Rand der Förmchen wölben.

9 Geben Sie Blaubeersauce über die Soufflés. Servieren Sie sie sofort.

Ergibt zwei Portionen
Zubereitungszeit: 25 Minuten

■ **TIPP**

Ersetzen Sie die Blaubeeren im Rezept durch Erdbeeren.

Haselnuss-Käsekuchen mit Brombeeren

150 g Brombeeren
300 g Zucker
75 g ganze Haselnüsse
125 g Doppelrahmfrischkäse
120 ml saure Sahne
125 g Ricotta
2 Eier
1 Prise Salz
½ TL Backaroma Vanille
125 g Butter
140 g Weizenmehl

■ TIPP

Sie können auch bereits fertig gemahlene Haselnüsse auf einem Backblech ausbreiten und bei 220 °C für etwa fünf Minuten in den Backofen schieben. Sie gewinnen dann ebenfalls den charakteristisch „nussigen" Geschmack.

Vorbereitung

Brombeeren waschen, mit 100 Gramm Zucker vermengen und bedeckt eine Stunde kühl stellen.

Haselnüsse in einer Pfanne fünf Minuten anrösten (ohne Fett), dann abkühlen lassen und grob hacken.

Backofen auf 180 °C (Gas Stufe 4) vorheizen.

Zubereitung

1 Verrühren Sie in einer Schüssel 100 Gramm Zucker, den Frischkäse, die saure Sahne, den Ricotta, die Eier, das Salz und das Backaroma miteinander. Stellen Sie sie beiseite.

2 Schlagen Sie in einer zweiten Schüssel die Butter mit dem übrigen Zucker schaumig.

3 Fügen Sie das Mehl und ein bisschen Wasser hinzu. Kneten Sie so lange, bis sich der Teig bindet.

4 Mengen Sie dann die gerösteten Haselnüsse unter.

5 Rollen Sie den Teig auf der bemehlten Arbeitsfläche aus und drücken ihn in eine runde Kuchenform mit etwa 20 Zentimetern Durchmesser.

6 Füllen Sie nun die Frischkäsemischung darüber. Backen Sie den Kuchen eine Stunde lang, bis er fest wird.

7 Stellen Sie ihn danach zwei Stunden lang kühl.

8 Geben Sie vor dem Servieren die gezuckerten Brombeeren über die Kuchenstücke.

Ergibt sechs Portionen
Zubereitungszeit: 4 Stunden

Himbeer-Sahne-Creme

125 g frische Himbeeren
2 Eigelbe
2 EL Zucker
250 ml Schlagsahne
Schale einer Limone

Vorbereitung

Himbeeren vorsichtig waschen, abtropfen lassen und durch ein feines Sieb streichen, um die Körner zu entfernen.

Zubereitung

1 Rühren Sie die Eigelbe und den Zucker unter das Himbeerpüree.

2 Lassen Sie diese Mischung im heißen Wasserbad unter langsamem Rühren (nutzen Sie hierzu einen Plastikspachtel) fest werden. Das dauert etwa zehn Minuten.

3 Stellen Sie sie eine Stunde lang in den Kühlschrank, damit sie noch fester wird.

4 Schlagen Sie die Sahne in einem hohen Rührgefäß steif.

5 Heben Sie etwas Sahne unter die Himbeermischung und dann die Himbeermischung vorsichtig unter die restliche Sahne.

6 Garnieren Sie die Creme mit zarten Streifen der Limonenschale.

Ergibt vier Portionen
Zubereitungszeit: 1 Stunde 30 Minuten

■ TIPP

Wenn Sie zusätzlich drei Esslöffel Mascarpone unter die Creme ziehen, wird sie noch zarter.

Coeurs à la Crème

60 g frische Himbeeren
125 g Doppelrahmfrischkäse
1 TL Backaroma Vanille
2–3 EL Puderzucker
120 ml Schlagsahne
2 EL Zucker

Vorbereitung

Himbeeren vorsichtig waschen und abtropfen lassen.

Frischkäse bei Zimmertemperatur weich werden lassen.

Zubereitung

1 Verrühren Sie in einer mittelgroßen Schüssel Frischkäse, Vanillearoma und Puderzucker, bis die Masse cremig ist.

2 Schlagen Sie in einem hohen Rührgefäß die Sahne steif.

3 Heben Sie etwas Sahne unter die Frischkäsemasse. Ziehen Sie dann die Frischkäsemasse unter die übrige Sahne.

4 Kleiden Sie zwei herzförmige Siebe mit angefeuchtetem Musselin aus, und füllen Sie die Crememischung hinein.

5 Lassen Sie die Förmchen über Nacht im Kühlschrank, damit die Molke abtropfen kann.

6 Legen Sie die Himbeeren bis auf sechs oder acht Stück in einen mittelgroßen Topf, zusammen mit dem Zucker und einem Esslöffel Wasser, und kochen sie zehn Minuten lang bei schwacher Hitze unter gelegentlichem Umrühren.

7 Geben Sie noch Wasser zu, falls nötig.

8 Streichen Sie die Himbeeren durch ein feines Sieb, um die Körner zu entfernen. Lassen Sie die Himbeersauce abkühlen.

9 Heben Sie die Coeurs à la Crème aus den Förmchen. Servieren Sie sie mit der Sauce und garniert mit den beiseite gelegten Himbeeren.

Ergibt zwei Portionen
Zubereitungszeit: 15 Minuten plus eine Nacht zum Auskühlen

■ **TIPP**

Coeurs-à-la-Crème-Förmchen sind in zwei Größen in gut sortierten Haushaltswarengeschäften erhältlich.

Bisquittorte mit Preiselbeercreme

Für die Bisquitböden:
1 TL Butter
140 g Weizenmehl
6 Eier
150 g Zucker
1 Prise Salz
60 g Butter

Für die Preiselbeercreme:
250 g Butter
4 Eigelbe
60 g Zucker
350 g Preiselbeermarmelade
120 ml Schlagsahne

■ **TIPP**

Sie die Formen auch mit Backpapier auslegen. Fetten Sie keinesfalls den Rand der Springformen ein!

Vorbereitung

Zwei Kuchenformen (ca. 20 Zentimeter Durchmesser) mit je einem halben Teelöffel Butter ausstreichen und mit zwei Esslöffeln Mehl bestäuben. Überschüssiges Mehl ausschütten und kaltstellen.

Butter für den Teig schmelzen und abkühlen lassen.

Backofen auf 180 °C (Gas Stufe 4) vorheizen.

Butter für die Creme weich werden lassen.

Zubereitung

Bisquitböden:

1 Schlagen Sie die Eier und den Zucker in einer Schüssel (im heißen Wasserbad, falls Sie kein elektrisches Rührgerät verwenden), bis die Masse schaumig und von heller Farbe ist. Sieben Sie das Mehl und das Salz in die Ei-Zucker-Mischung und rühren Sie, bis sich die Zutaten vollständig verbunden haben. Fügen Sie nun unter ständigem Rühren die zerlassene, abgekühlte Butter hinzu.

2 Gießen Sie die Teigmischung in die Kuchenformen. Schlagen Sie die Formen sachte gegen die Arbeitsfläche, damit sich größere Luftblasen auflösen. Schlagen Sie jedoch nicht zu fest, sonst fällt der Teig in sich zusammen!

3 Backen Sie die Böden 20-25 Minuten lang, bis sich die Ränder von den Formen lösen und an einem hineingestochenen Spieß kein Teig kleben bleibt. Lassen Sie die Böden auskühlen. Sie lassen sich dann besser aus der Form lösen. Schneiden Sie dann jeden Boden horizontal einmal durch. Dazu eignet sich ein Messer, das länger ist, als der Durchmesser des Tortenbodens.

Preiselbeercreme:

1 Verschlagen Sie in einer Schüssel Eigelbe und Puderzucker, bis die Mischung hellgelb wird. Rühren Sie nach und nach die weiche Butter unter, bis die Masse gleichmäßig glatt ist, und stellen Sie die Schüssel eine Stunde lang in den Kühlschrank. Rühren Sie dann die Marmelade in die Buttercreme und stellen Sie sie nochmals für eine Stunde kalt.

2 Schlagen Sie die Sahne steif.

3 Verteilen Sie nach und nach zunächst Preiselbeercreme, dann Sahne auf den Böden und schichten Sie diese übereinander. Bedecken Sie den obersten Boden nur mit Preiselbeercreme

Ergibt sechs Stück Torte
Zubereitungszeit: 2 Stunden 30 Minuten

Blaubeersorbet

150 g frische Blaubeeren
1 l Limonade mit Zitronengeschmack

Vorbereitung

Blaubeeren waschen und abtropfen lassen.

Zubereitung

1 Gießen Sie die Limonade in ein fünf Zentimeter tiefes Gefäß. Lassen Sie sie unbedeckt im Gefrierfach fest werden.

2 Nehmen Sie die Limonade aus dem Gefrierfach. Schaben Sie sie mit einem stumpfen Messer in eine mittelgroße Schüssel.

3 Mischen Sie die Blaubeeren unter, decken Sie die Schüssel zu und stellen sie wieder ins Gefrierfach, bis das Sorbet durchgefroren ist.

Ergibt zehn Portionen
Zubereitungszeit: 3 Stunden

■ TIPP

Rühren Sie das Sorbet während des zweiten Gefriergangs mehrmals durch. Nur dann gewinnt es seine typische, leicht körnige Konsistenz.

Erdbeereis

75 g frische Erdbeeren
5 Eigelbe
1 l Schlagsahne
200 g Zucker
1–2 EL Likör mit Erdbeergeschmack

Vorbereitung

Erdbeeren waschen und die Blätter entfernen.

Zubereitung

1 Pürieren Sie alle Zutaten mit einem Mixer. Folgen Sie dann den Anweisungen für Ihre Eismaschine. Diese sollte eine Kapazität von 1,5 Litern haben.

2 Bewahren Sie das Eis in einem verschlossenen Plastikbehälter im Gefrierfach auf.

Ergibt zehn Portionen
Zubereitungszeit: 45 Minuten

Erdbeeren in Schokolade

6 große Erdbeeren
125 g Blockschokolade
(zartbitter oder Vollmilch)

Vorbereitung

Erdbeeren waschen, Blätter nicht entfernen.

Zubereitung

1 Schmelzen Sie die Schokolade im heißen Wasserbad.

2 Halten Sie die Erdbeeren an den Blättern oder am Stiel und tauchen Sie sie in die Schokolade, bis sie gleichmäßig bedeckt sind.

3 Legen Sie die Erdbeeren zum Abkühlen auf Backpapier in den Kühlschrank.

Ergibt zwei Portionen
Zubereitungszeit: 20 Minuten

■ **TIPP**

Servieren Sie die Erdbeeren mit frischer Sahne.

Sommertraum

200–300 g frische Beeren (Himbeeren, Brombeeren, Erdbeeren oder schwarze Johannisbeeren, auch Mischungen sind möglich)
6 Scheiben Weißbrot
100 g Zucker
500 ml Schlagsahne

■ **TIPP**

Sie können statt der Brotstücke auch Löffelbisquits verwenden und diese kurz in Beerenlikör tauchen, bevor Sie sie weiter verarbeiten.

Vorbereitung

Beeren waschen, Stiele entfernen und abtropfen lassen.

Ränder der Brotscheiben abschneiden.

Zubereitung

1 Lassen Sie die Beeren in einer Schüssel mit der Hälfte des Zuckers vermischt eine Stunde lang ziehen (dabei geben die Beeren Saft ab).

2 Schlagen Sie die Sahne mit dem übrigen Zucker in einem hohen Rührgefäß steif. Stellen Sie sie zugedeckt in den Kühlschrank.

3 Schneiden Sie die Brotscheiben in zweieinhalb Zentimeter breite Quadrate.

4 Füllen Sie je einen Esslöffel Beeren und Saft in zwei Kelchgläser oder Dessertschalen und darüber einen Esslöffel Sahne. Geben Sie über die Sahne eine Schicht Brotstücke.

5 Schichten Sie nun immer abwechselnd Beeren, Saft, Sahne und Brotstücke übereinander, bis die Gläser oder Schalen voll sind. Reservieren Sie etwas Sahne zur Dekoration.

6 Bedecken Sie die Gläser. Stellen Sie sie über Nacht in den Kühlschrank.

7 Geben Sie vor dem Servieren die restliche Sahne über das Dessert und garnieren Sie es mit einigen frischen Beeren.

Ergibt zwei Portionen
Zubereitungszeit: 1 Stunde plus einer Nacht zum Auskühlen

GETRÄNKE

Preiselbeer-Ingwer-Tee

500 ml Wasser
75 g frischer Ingwer
50 g frische Preiselbeeren
1 Prise Muskatnuss
120 ml Preiselbeersaft
2 Zweige frische Minze

Vorbereitung

Wasser zum Kochen bringen.

Ingwer in dünne Scheiben schneiden.

Preiselbeeren waschen.

Zubereitung

1 Legen Sie den Ingwer und die Preiselbeeren in eine mittelgroße Schüssel. Gießen Sie das kochende Wasser darüber.

2 Lassen Sie die Mischung 20 Minuten lang bedeckt ziehen.

3 Schütten Sie sie dann durch ein feines Sieb. Fügen Sie die Muskatnuss und den Preiselbeersaft hinzu und rühren Sie alles gut durch.

4 Dekorieren Sie dieses Getränk mit der Minze. Servieren Sie es warm oder auf Eiswürfeln.

Ergibt zwei Portionen
Zubereitungszeit: 25 Minuten

■ **TIPP**

Servieren Sie den Tee mit den Beereneiswürfeln von Seite 116.

Blaubeer-Jogurt-Shake

150 g frische Blaubeeren
1 sehr reife Banane
500 ml Naturjogurt
120 ml frisch gepresster Orangensaft

Vorbereitung

Blaubeeren waschen und abtropfen lassen.

Banane schälen.

Zubereitung

1 Pürieren Sie alle Zutaten mit einem Mixer oder in der Küchenmaschine, bis eine glatte, schaumige Flüssigkeit entsteht.

2 Servieren Sie den Shake in hohen Gläsern.

Ergibt vier Portionen
Zubereitungszeit: 3 Minuten

■ **TIPP**

Geben Sie in jedes Glas eine Kugel Blaubeer- oder Bananeneis, Rezept wie auf Seite 106.

Himbeer-Nuss-Aperitif

1 ½ EL Haselnusslikör
1 ½ EL Himbeergeist
1 ½ EL Schlagsahne (wahlweise)

Zubereitung

1 Gießen Sie alle Zutaten in Cocktailgläser mit Beereneiswürfeln.

2 Wenn Sie Schlagsahne verwenden, mischen Sie die Zutaten in einem Shaker.

Ergibt zwei Portionen
Zubereitungszeit: 1 Minute

Himbeergeist mit Sekt

2 EL Himbeergeist
120 ml gekühlter Sekt

Zubereitung

Gießen Sie zuerst den Himbeergeist in Sektkelche und fügen Sie dann den Sekt hinzu.

Ergibt zwei Portionen
Zubereitungszeit: 1 Minute

■ TIPP

Geben Sie frische Himbeeren in die Gläser.

Beereneiswürfel

12 Blaubeeren
12 Himbeeren

Zubereitung

1 Legen Sie in die Fächer von zwei Eiswürfelbehältern jeweils eine oder zwei Beeren.

2 Füllen Sie die Behälter mit Wasser und stellen Sie sie über Nacht ins Gefrierfach.

Ergibt 20 Eiswürfel
Zubereitungszeit: 1 Minute plus eine Nacht zum Einfrieren

Margarita mit Erdbeeren

450 g frische Erdbeeren
1 Limone
5–6 Eiswürfel
3 EL Tequila Gold

Vorbereitung

Erdbeeren waschen, abtropfen lassen und Blätter entfernen.

Limone auspressen.

Eiswürfel zerstoßen.

Zubereitung

1 Pürieren Sie die Erdbeeren auf niedriger Stufe mit einem Mixer oder in einer Küchenmaschine.

2 Vermischen Sie die Früchte mit den anderen Zutaten zur Margerita.

Ergibt zwei Portionen
Zubereitungszeit: 1 Minute

■ TIPP

Servieren Sie die Margarita in passenden Gläsern mit weitem Rand.

Daiquiri mit Erdbeeren

150 g frische Erdbeeren
1 Limone
5–6 Eiswürfel
3 EL Jamaika-Rum

Vorbereitung

Erdbeeren waschen, abtropfen lassen und Blätter entfernen.

Limone auspressen.

Eiswürfel zerstoßen.

Zubereitung

1 Pürieren Sie die Erdbeeren auf niedriger Stufe mit einem Mixer oder in einer Küchenmaschine.

2 Vermischen Sie die Früchte mit den anderen Zutaten zum Daiquiri.

Ergibt zwei Portionen
Zubereitungszeit: 1 Minute

Himbeerbowle

1 Limone
1 l Ginger Ale
120 ml brauner Rum
120 ml Himbeergeist

■ **TIPP**

Bei beiden Rezepten auf dieser Seite sollten Sie für sich heraus finden, in welchem Verhältnis Sie die Zutaten kombinieren wollen. Probieren Sie immer wieder, während Sie die Zutaten hinzufügen.

Vorbereitung

Limone auspressen.

Zubereitung

Mischen Sie alle Zutaten in einer großen Bowle.

Ergibt zehn Portionen
Zubereitungszeit: 5 Minuten

Eierflip mit Himbeergeist

1 l Schlagsahne
1 l Milch
4 Eier
1 Prise Muskatnuss
500 ml Himbeergeist
200 g Zucker
1 l Eiscreme mit Vanillegeschmack

Zubereitung

1 Mischen Sie alle Zutaten – außer der Eiscreme – in einer großen Schüssel.

2 Legen Sie das Vanilleeis zum Schluss en bloc in die Schüssel.

Ergibt 15 Portionen
Zubereitungszeit: 5 Minuten

Alphabetisches Rezeptverzeichnis

Rezeptverzeichnis nach Beerenarten

BLAUBEERE

BROMBEERE

Rezeptverzeichnis nach Beerenarten